ADVENTSKALENDER MIT DEUTSCHEN WEIHNACHTSREZEPTEN

24 köstliche Rezepte, um den Advent mit traditionellen deutschen Gerichten zu feiern. Süße Leckereien und Aromen, die die Magie von Weihnachten in jedes Haus bringen.

HANNA WINTERBERG

1. *Auflage*

Copyright 2024 – Hanna Winterberg

Alle Rechte vorbehalten.

Das Werk darf – auch teilweise – nur mit Genehmigung des Verlags vervielfältigt werden.

*ISBN: **978-3-98935-613-9***

Lucid Page Media (ein Imprint der Orbita Media GmbH)
Ericusspitze 4
20457 Hamburg
Deutschland

kontakt@lucidpagemedia.de

Vorwort

Weihnachten – für viele Menschen ist es die magischste Zeit des Jahres. Es ist die Zeit der Lichter, der Düfte und der Wärme, die uns umgibt, wenn wir mit unseren Liebsten zusammenkommen, um zu feiern, zu lachen und Erinnerungen zu schaffen. Im Mittelpunkt dieser festlichen Atmosphäre stehen Traditionen, die von Generation zu Generation weitergegeben werden. Eine dieser Traditionen, die nicht nur in Deutschland, sondern weltweit an Bedeutung gewonnen hat, ist der **Adventskalender**.

Dieses Buch nimmt Sie mit auf eine Reise durch die vielfältige und köstliche Welt der deutschen Weihnachtsrezepte, die in einem **kulinarischen Adventskalender** präsentiert werden. Jeden Tag bis zum Heiligen Abend erwartet Sie ein neues Rezept – von traditionellen Klassikern wie Lebkuchen und Christstollen bis hin zu regionalen Spezialitäten wie Heidesand und Kletzenbrot. Dabei geht es nicht nur um das Backen und Kochen, sondern auch um das Bewahren von Geschichten, die hinter diesen Rezepten stehen, und um das Gefühl der Verbundenheit, das diese Gerichte in uns wecken.

Die Adventszeit ist mehr als nur eine Vorbereitung auf Weihnachten – sie ist eine Zeit der Besinnung, des Zusammenhalts und der Freude. Mit jedem Rezept, das Sie nachbacken oder nachkochen, bringen Sie nicht nur den Duft von Weihnachten in Ihr Zuhause, sondern auch die jahrhundertealten Bräuche, die uns an die Wurzeln unserer Kultur erinnern. Egal, ob Sie die Rezepte alleine ausprobieren oder mit der Familie, ich lade Sie ein, jeden Tag als kleinen Moment der Freude zu genießen.

In einer Welt, die immer schneller wird, bietet dieses Buch Ihnen die Möglichkeit, innezuhalten und die kleinen, einfachen Freuden zu schätzen – das gemeinsame Backen, das Lachen am Küchentisch, das Leuchten in den Augen Ihrer Lieben, wenn Sie die ersten warmen Kekse aus dem Ofen holen. Es ist diese Magie, die uns durch die Adventszeit trägt und die wir in diesen Rezepten wiederfinden können.

Ich hoffe, dass dieses Buch Ihnen nicht nur als Inspiration dient, sondern auch als Begleiter durch die festliche Zeit – ein Adventskalender, der Tag für Tag Genuss, Wärme und Vorfreude schenkt.

Frohe Adventszeit und viel Spaß beim Entdecken und Genießen!

Herzlichst,

Hanna Winterberg

Weihnachten in der Familie

Inhaltsverzeichnis

KAPITEL 1: EINFÜHRUNG UND BEDEUTUNG DES ADVENTSKALENDERS

1.1 Die Ursprünge des Adventskalenders

Der Adventskalender, wie wir ihn heute kennen, hat seine Wurzeln im 19. Jahrhundert und ist eng mit der protestantischen Tradition Deutschlands verbunden. Damals entstand der Brauch, die Tage vor Weihnachten auf unterschiedliche Weise zu zählen, um die Vorfreude auf das Fest zu verstärken und die Kinder in den Prozess der Adventszeit einzubeziehen. Familien aus protestantischen Gegenden, insbesondere in Norddeutschland, entwickelten verschiedene Methoden, um den Kindern die Wartezeit auf Weihnachten zu erleichtern. Eine dieser frühen Formen war das tägliche Aufhängen von religiösen Bildern oder das Ziehen von Kreidestrichen an die Wand, die nach und nach gelöscht wurden.

Ein weiterer Brauch bestand darin, 24 Strohhalme in die Krippe zu legen, einen für jeden Tag des Advents, um dem Jesuskind ein weiches Bett zu bereiten. Solche Traditionen fanden besonders in ländlichen Gegenden und religiösen Haushalten großen Anklang. Der Adventskalender diente nicht nur dem Zählen der Tage bis Weihnachten, sondern auch der spirituellen Vorbereitung auf die Geburt Christi. Diese Art der Auseinandersetzung mit der Adventszeit half den Menschen, sich bewusst auf das Weihnachtsfest einzustimmen.

Mit der Zeit entwickelten sich diese einfachen Formen zu den ersten Adventskalendern, die in den Haushalten der gehobenen Gesellschaft Anklang fanden. Um 1851 wurden in einigen protestantischen Familien erstmals handgefertigte Kalender verwendet, um den Advent zu feiern. Diese frühen Kalender bestanden aus 24 kleinen Feldern oder Markierungen, die täglich mit einer neuen Dekoration, oft in Form von Bildern oder Kreidezeichen, versehen wurden. Dieser Brauch verbreitete sich zunehmend und fand immer mehr Anhänger.

Der Übergang vom rein spirituellen zum kommerziellen Adventskalender begann im frühen 20. Jahrhundert. In dieser Zeit wurden die ersten gedruckten Adventskalender produziert, die den Beginn einer neuen Ära markierten. Der wohl bedeutendste Schritt in der Entwicklung des Adventskalenders fand 1902 statt, als die Evangelische Buchhandlung in Hamburg den ersten gedruckten Adventskalender herausgab. Dieser Kalender, auch bekannt als „Weihnachtsuhr", war für Kinder gedacht und ermöglichte es ihnen, jeden Tag ein kleines Bild zu sehen oder einen Vers zu lesen, was die Vorfreude auf Weihnachten erhöhte.

Der bedeutendste Name in der Geschichte des Adventskalenders ist jedoch Gerhard Lang, der als Pionier gilt. Inspiriert von der Idee seiner Mutter, die ihm als Kind 24 kleine Gebäckstücke auf eine Pappe nähte, um die Tage bis Weihnachten zu zählen, entwickelte Lang 1908 den ersten gedruckten Adventskalender ohne Fenster. Dieser Kalender, der den Titel „Im Lande des Christkinds" trug, bestand aus zwei Blättern: Eines mit 24 kleinen Bildern, die ausgeschnitten und auf das zweite Blatt, das 24 leere Felder enthielt, geklebt werden konnten. Diese einfache, aber effektive Methode fand großen Anklang und legte den Grundstein für die weitere Verbreitung des Adventskalenders.

In den folgenden Jahren entwickelte sich der Adventskalender weiter, und um 1920 erschienen die ersten Kalender mit kleinen Türen, hinter denen sich Bilder oder biblische Verse verbargen. Diese

Kalender wurden schnell zu einem festen Bestandteil der deutschen Weihnachtstradition. Während des Zweiten Weltkriegs jedoch, als Papier knapp war und Bildkalender verboten wurden, geriet die Produktion von Adventskalendern ins Stocken. Doch nach Kriegsende kehrte der Adventskalender triumphal zurück, und mit der Gründung des Sellmer Verlags 1945 erlebte der gedruckte Adventskalender eine neue Blütezeit.

Der Adventskalender entwickelte sich von einem religiösen Symbol zu einem kulturellen Phänomen. Zunächst waren es einfache Kalender mit religiösen Motiven, später kamen humorvolle und weltliche Motive hinzu. Diese Entwicklung spiegelte die zunehmende Säkularisierung der Gesellschaft wider. Die kleinen Türen, die ursprünglich biblische Geschichten oder Symbole enthielten, begannen, weltliche Themen wie Schneemänner, Rentiere und Weihnachtsbäume zu zeigen.

Ab den 1950er Jahren wurde der Adventskalender mit Schokolade populär. Diese Entwicklung ging mit dem wirtschaftlichen Aufschwung der Nachkriegszeit einher. Schokoladen-Adventskalender wurden vor allem für Kinder zu einem festen Bestandteil der Weihnachtszeit und verbreiteten sich rasch über die deutschen Grenzen hinaus in ganz Europa und in die Vereinigten Staaten. Der internationale Erfolg des Adventskalenders, insbesondere des Schokoladenkalenders, markierte den Beginn einer neuen Phase, in der der Kalender zunehmend kommerzialisiert wurde.

In der heutigen Zeit gibt es unzählige Variationen des Adventskalenders: von den traditionellen Papierkalendern bis hin zu aufwendig gestalteten Kalendern mit kleinen Geschenken, Kosmetikprodukten oder sogar Spirituosen. Trotz dieser Vielfalt bleibt der Adventskalender ein Symbol der Vorfreude auf Weihnachten und ein beliebtes Mittel, um die Tage bis zum Heiligen Abend zu zählen. Er verbindet Generationen und Traditionen und bleibt eine der beständigsten und geliebtesten Weihnachtstraditionen in Deutschland und darüber hinaus.

1.2 Die Entwicklung des Adventskalenders im 20. Jahrhundert

Die Entwicklung des Adventskalenders im 20. Jahrhundert markiert den Übergang von einer rein religiösen Praxis zu einem weit verbreiteten und beliebten Weihnachtsbrauch, der in vielen Formen und Varianten existiert. Ein Schlüsselmoment dieser Entwicklung war die Veröffentlichung des ersten gedruckten Adventskalenders zu Beginn des 20. Jahrhunderts.

Gerhard Lang, ein deutscher Verleger, der als Pionier des modernen Adventskalenders gilt, hatte maßgeblichen Einfluss auf diese Entwicklung. Inspiriert von seiner Kindheit, in der seine Mutter ihm jeden Tag der Adventszeit ein kleines Gebäckstück schenkte, das sie auf eine Pappe genäht hatte, beschloss Lang, diese Idee weiterzuentwickeln. 1908 brachte er seinen ersten gedruckten Adventskalender auf den Markt. Dieser Kalender war noch recht einfach: Es handelte sich um zwei Blätter Papier, eines mit 24 kleinen Bildern, das andere mit leeren Feldern. Die Kinder sollten jeden Tag ein Bild ausschneiden und in das entsprechende Feld kleben, um so den Fortschritt des Advents zu visualisieren. Langs Kalender mit dem Titel „Im Lande des Christkinds" war sofort ein großer Erfolg und legte den Grundstein für die Popularität des Adventskalenders.

In den 1920er Jahren wurde der Adventskalender weiterentwickelt, indem kleine Türen hinzugefügt wurden, hinter denen sich Bilder, Verse oder biblische Geschichten versteckten. Diese Innovation machte den Kalender für Kinder noch spannender und verstärkte den spielerischen Aspekt des Wartens auf Weihnachten. Die Türen, die man Tag für Tag öffnen konnte, wurden zum ikonischen Bestandteil des Adventskalenders und sind es bis heute geblieben. Diese Kalender enthielten anfangs religiöse Symbole, die den christlichen Charakter der Adventszeit unterstrichen.

Während des Zweiten Weltkriegs erlitt die Produktion von Adventskalendern einen schweren Rückschlag. Aufgrund der Knappheit von Papier und anderer Rohstoffe sowie eines Verbots von Bildkalendern durch das nationalsozialistische Regime kam die Herstellung von Adventskalendern nahezu zum Stillstand. In dieser Zeit wurde der Adventskalender als Symbol des deutschen Weihnachtsfestes weitgehend unterdrückt, da das Regime christliche Traditionen durch ideologische Inhalte ersetzen wollte.

Nach dem Ende des Krieges erlebte der Adventskalender jedoch eine bemerkenswerte Wiederauferstehung. Richard Sellmer, ein deutscher Verleger aus Stuttgart, spielte eine entscheidende Rolle in der Wiederbelebung des Adventskalenders. Im Jahr 1945 gründete er den Sellmer-Verlag, der bis heute für die Produktion hochwertiger, nostalgischer Adventskalender bekannt ist. Sellmers erster Nachkriegs-Adventskalender, „Die kleine Stadt", brachte den Kalender zurück in die deutschen Haushalte und half, die Tradition wieder fest in der Gesellschaft zu verankern. Die farbenfrohen Illustrationen und die liebevoll gestalteten Türchen, hinter denen sich kleine Überraschungen verbargen, brachten den Menschen in der Nachkriegszeit ein Stück Normalität und Freude zurück.

In den 1950er Jahren nahm der Adventskalender eine weitere, entscheidende Wendung. Mit dem wirtschaftlichen Aufschwung in Deutschland und Europa wurde der Adventskalender zunehmend kommerzialisiert. Eine der bedeutendsten Neuerungen in dieser Zeit war die Einführung von Schokoladen-Adventskalendern. Hinter den kleinen Türchen verbargen sich nun keine Bilder oder Verse mehr, sondern süße Leckereien. Diese Entwicklung machte den Adventskalender besonders bei Kindern noch beliebter und führte dazu, dass er sich nicht nur in Deutschland, sondern auch international verbreitete. Schokoladen-Adventskalender wurden bald zu einem festen Bestandteil der Vorweihnachtszeit und eroberten die Herzen von Kindern auf der ganzen Welt.

Die 1960er und 1970er Jahre brachten eine zunehmende Vielfalt an Adventskalendern mit sich. Neben den klassischen Schokoladenkalendern entstanden Kalender mit kleinen Spielzeugen, Kosmetikprodukten und anderen Überraschungen. Diese Entwicklung spiegelte den Wandel der Gesellschaft wider, in der das Weihnachtsfest zunehmend säkularisiert wurde. Der Adventskalender, einst ein Symbol der christlichen Vorbereitung auf Weihnachten, wurde zu einem kommerziellen Produkt, das den Konsum und die Vorfreude auf das Fest förderte. Trotzdem blieb die Grundidee des Adventskalenders bestehen: Jeden Tag eine kleine Überraschung zu entdecken und die Tage bis Weihnachten bewusst zu erleben.

Heute gibt es Adventskalender in unzähligen Formen und Variationen. Von luxuriösen Versionen, die hochwertige Geschenke wie Schmuck oder Kosmetik enthalten, bis hin zu virtuellen Adventskalendern, die online kleine Überraschungen bieten. Trotz dieser vielfältigen Entwicklungen bleibt der Adventskalender ein fester Bestandteil der Weihnachtszeit, der sowohl in traditionellen als auch in modernen Formen die Vorfreude auf das Fest weckt und die Adventszeit auf besondere Weise erlebbar macht.

Die Entwicklung des Adventskalenders im 20. Jahrhundert zeigt, wie sich ein ursprünglich religiöser Brauch zu einem kulturellen und kommerziellen Phänomen entwickelt hat. Während der Kalender heute in vielen verschiedenen Formen existiert, bleibt seine Essenz die gleiche: das Warten auf Weihnachten durch tägliche kleine Freuden zu versüßen und die festliche Stimmung zu verstärken.

1.3 Der Adventskalender heute: Tradition und Innovation

Der Adventskalender hat sich im Laufe der Jahrzehnte von einem rein traditionellen Symbol zu einer facettenreichen Mischung aus altbewährten Bräuchen und modernen Innovationen entwickelt. Heutzutage existieren zahlreiche Varianten des Kalenders, die sowohl traditionelle Werte aufrechterhalten als auch neue Wege beschreiten, um sich dem veränderten Lebensstil und den Wünschen der heutigen Gesellschaft anzupassen.

Eine der häufigsten und am weitesten verbreiteten Formen ist der **kommerziell produzierte Adventskalender**. Diese Kalender sind in nahezu jedem Supermarkt und Kaufhaus erhältlich, und die Bandbreite reicht von einfachen Schokoladenkalendern bis hin zu aufwendig gestalteten Kalendern, die Spielzeuge, Kosmetika oder sogar Schmuck enthalten. Der Schokoladen-Adventskalender bleibt dabei der Klassiker und erfreut sich vor allem bei Kindern großer Beliebtheit. Die Freude, jeden Tag ein kleines Stück Schokolade zu entdecken, ist nach wie vor ungebrochen und ein fester Bestandteil der Vorweihnachtszeit in vielen Haushalten.

In den letzten Jahren hat sich der Markt für Adventskalender enorm diversifiziert. Insbesondere **luxuriöse Adventskalender**, die hochwertige Produkte wie Parfüms, edle Schokoladen, Spirituosen oder Kosmetikartikel enthalten, haben einen Boom erlebt. Diese Kalender richten sich vor allem an Erwachsene, die sich selbst oder ihren Lieben jeden Tag im Advent eine besondere Freude machen möchten. Sie sind häufig in limitierten Editionen erhältlich und erzielen eine große Nachfrage, besonders in der Vorweihnachtszeit.

Neben diesen kommerziellen Kalendern gibt es auch einen wachsenden Trend zu **selbstgemachten Adventskalendern**. Diese Kalender, die oft aus kleinen Säckchen, Boxen oder sogar handgefertigten Papiertüten bestehen, erlauben es den Menschen, ihre eigene Kreativität und ihre persönliche Note in die Adventszeit einzubringen. Selbstgemachte Adventskalender sind vor allem in Familien beliebt, da sie die Möglichkeit bieten, personalisierte Geschenke oder Leckereien in den Kalender zu integrieren. Eltern füllen diese Kalender häufig mit kleinen Spielsachen, Bastelmaterialien oder Süßigkeiten, um ihren Kindern die Wartezeit auf Weihnachten zu versüßen. Auch unter Erwachsenen sind selbstgemachte Kalender ein beliebtes Geschenk, das zeigt, wie viel Mühe und Liebe in die Vorbereitung gesteckt wurde.

Eine weitere wichtige Innovation in der Welt des Adventskalenders ist der **digitale Adventskalender**. Mit dem Aufstieg des Internets und der zunehmenden Digitalisierung des Alltagslebens hat auch der Adventskalender seinen Weg in die virtuelle Welt gefunden. Digitale Adventskalender bieten oft tägliche Überraschungen in Form von Gutscheinen, exklusiven Online-Angeboten, digitalen Inhalten wie Videos oder Musik, oder auch Gewinnspielen. Unternehmen nutzen diese Kalender oft als Marketinginstrument, um ihre Kunden in der Vorweihnachtszeit zu binden und gleichzeitig ihre Produkte oder Dienstleistungen zu bewerben. Diese Form des

Adventskalenders hat sich besonders bei jüngeren Menschen etabliert, die mit digitalen Medien aufgewachsen sind und auf diese Weise eine moderne Form der Adventstradition erleben.

Ein interessanter Aspekt der digitalen Adventskalender ist, dass sie häufig interaktiv gestaltet sind. Die Nutzer können beispielsweise Rätsel lösen oder an Wettbewerben teilnehmen, um die Tagesüberraschung freizuschalten. Diese Art von Kalendern schafft ein spielerisches Element, das vor allem bei jüngeren Zielgruppen gut ankommt.

Trotz all dieser modernen Entwicklungen bleibt der Adventskalender tief in den **traditionellen Werten** verwurzelt. Viele Menschen schätzen nach wie vor die symbolische Bedeutung des Kalenders, der sie durch die besinnliche Adventszeit begleitet und sie an den eigentlichen Grund des Weihnachtsfestes erinnert. Insbesondere die religiöse Bedeutung des Adventskalenders wird in vielen Familien, vor allem in christlichen Haushalten, hochgehalten. Kalender, die biblische Geschichten oder christliche Symbole enthalten, werden oft genutzt, um den Kindern die Bedeutung von Weihnachten und die Geburt Jesu zu vermitteln.

Es zeigt sich, dass der Adventskalender sowohl als **kulturelles als auch als kommerzielles Phänomen** weiterlebt. Einerseits bleibt er ein Symbol der weihnachtlichen Vorfreude und der Tradition, andererseits ist er ein Medium, das sich den modernen Bedürfnissen und dem veränderten Konsumverhalten anpasst. Während traditionelle Kalender auf Erinnerungen und Rituale setzen, sind moderne und digitale Varianten Ausdruck eines neuen, schnelllebigeren Lifestyles, der dennoch die Sehnsucht nach Struktur und festlichen Ritualen befriedigt.

Der Adventskalender von heute vereint somit erfolgreich **Tradition und Innovation** und bleibt ein fester Bestandteil der Adventszeit in einer sich stetig verändernden Welt.

1.4 Moderne Anwendungen des Adventskalenders

Der Adventskalender hat im Laufe der Jahre eine erstaunliche Vielfalt an kreativen und innovativen Formen angenommen. In der heutigen Zeit gibt es weit mehr als nur die traditionellen Kalender mit Schokolade oder kleinen Geschenken – die Bandbreite der modernen Adventskalender reicht von Kalendern mit luxuriösen Produkten bis hin zu solchen, die auf besondere Bedürfnisse und Interessen abgestimmt sind.

Eine der besonders beliebten Varianten sind **Adventskalender mit Parfüms**. Diese Kalender bieten jeden Tag eine kleine Flasche mit einem neuen Duft oder eine Duftprobe an, was sie zu einem spannenden Erlebnis für Liebhaber hochwertiger Parfums macht. Solche Kalender sind oft mit exklusiven Marken und luxuriösen Düften bestückt und bieten eine Möglichkeit, verschiedene Parfums zu entdecken, die man vielleicht sonst nicht kaufen würde. Diese Art von Kalender wird vor allem von Kosmetikunternehmen als luxuriöses Geschenkprodukt vermarktet.

Ein weiteres Beispiel für kreative Adventskalender sind **Tee-Adventskalender**. Jeden Tag wartet eine neue Sorte Tee darauf, entdeckt zu werden, von klassischen Schwarztees bis hin zu exotischen Kräutermischungen. Diese Kalender erfreuen sich besonders bei Menschen großer Beliebtheit, die Wert auf eine ruhige, besinnliche Adventszeit legen und den Genuss eines täglichen Tees mit Entspannung und Wohlbefinden verbinden. Ähnlich funktionieren auch **Kaffee-**

Adventskalender, die sich an Kaffeeliebhaber richten und jeden Tag eine neue Sorte oder Mischung vorstellen.

Kerzen-Adventskalender sind ein weiteres Beispiel für moderne Interpretationen dieses Weihnachtsbrauchs. An jedem Tag der Adventszeit können die Nutzer eine neue Kerze anzünden, oft mit verschiedenen Düften wie Zimt, Vanille oder Tannengrün. Diese Kalender schaffen eine gemütliche und besinnliche Atmosphäre und passen perfekt zur winterlichen Stimmung der Adventszeit. Sie sprechen besonders Menschen an, die eine ruhige und stimmungsvolle Umgebung schaffen möchten und das Licht und den Duft von Kerzen mit der weihnachtlichen Vorfreude verbinden.

Eine besonders kreative Form des Adventskalenders ist der **DIY-Adventskalender**. Diese Kalender sind oft leer und bieten die Möglichkeit, sie selbst zu befüllen. Viele Menschen entscheiden sich dafür, solche Kalender individuell zu gestalten, indem sie persönliche Geschenke, selbstgemachte Leckereien oder kleine Botschaften einfügen. Diese Kalender werden oft als besonders emotional und persönlich empfunden, da sie den Aufwand und die Gedanken zeigen, die in ihre Gestaltung geflossen sind. Sie sind in Familien besonders beliebt, da sie die Gelegenheit bieten, eine persönliche Note in die Adventszeit zu bringen und die Vorfreude auf Weihnachten mit liebevoll ausgewählten Geschenken zu steigern.

Moderne Adventskalender haben einen **hohen emotionalen Wert**. Sie schaffen nicht nur tägliche Momente der Freude und Überraschung, sondern tragen auch zur besonderen Stimmung der Adventszeit bei. Jeder Tag bringt eine kleine Belohnung oder eine neue Erfahrung mit sich, was den Countdown bis Weihnachten spannender und festlicher macht. Ob Duft, Geschmack oder visuelle Reize – moderne Adventskalender stimulieren die Sinne und tragen zur Entschleunigung bei, indem sie täglich eine kleine Auszeit vom hektischen Alltag ermöglichen.

In der **Populärkultur** haben Adventskalender einen festen Platz eingenommen. Sie sind zu einem beliebten Marketinginstrument geworden, das nicht nur von großen Unternehmen, sondern auch von Influencern und kleinen Handwerksbetrieben genutzt wird, um ihre Produkte in der Vorweihnachtszeit zu präsentieren. Adventskalender werden dabei oft als Luxusprodukt inszeniert, das den Konsumenten eine besondere Erfahrung und hochwertige Produkte bietet. Dank dieser kreativen Ansätze und der breiten Auswahl an Themen und Produkten hat sich der Adventskalender von einer einfachen Weihnachtsdekoration zu einem symbolträchtigen und vielseitigen Geschenk entwickelt, das weit über den ursprünglichen religiösen Kontext hinausgeht.

KAPITEL 2: WEIHNACHTEN IN DEUTSCHLAND UND DIE TRADITION DES ESSENS

2.1 Die Bedeutung von Weihnachten in der deutschen Kultur

Weihnachten hat in der deutschen Kultur einen tief verwurzelten religiösen und kulturellen Stellenwert. Es ist nicht nur ein Fest der christlichen Gemeinschaft, das die Geburt Jesu Christi feiert, sondern auch eine Zeit des Zusammenkommens, der Besinnung und der familiären Rituale. Die Bedeutung von Weihnachten geht weit über die religiösen Traditionen hinaus und prägt das soziale und kulturelle Leben Deutschlands in den Wochen des Advents und der Weihnachtszeit.

Im Zentrum der deutschen Weihnachtstraditionen steht die **Familie**. Für viele Deutsche ist Weihnachten die Zeit, in der die Familie im Vordergrund steht. Es ist eine Gelegenheit, in einer oft hektischen und getriebenen Welt innezuhalten und gemeinsam Zeit zu verbringen. Die Bedeutung familiärer Rituale wie das gemeinsame Schmücken des Weihnachtsbaums, das Zubereiten traditioneller Speisen und das Singen von Weihnachtsliedern ist für viele Familien unersetzlich. Diese Traditionen werden oft über Generationen hinweg weitergegeben, wobei jede Familie ihre eigenen besonderen Rituale pflegt.

Ein zentraler Bestandteil der deutschen Weihnachtszeit ist der **Advent**, der die vier Wochen vor Weihnachten umfasst. Der Advent markiert den Beginn der besinnlichen Zeit, in der die Menschen sich auf das Weihnachtsfest vorbereiten. In vielen deutschen Haushalten spielt der **Adventskranz** eine wichtige Rolle. Der Adventskranz besteht in der Regel aus Tannenzweigen und vier Kerzen, von denen jeden Adventssonntag eine mehr angezündet wird, bis schließlich alle vier Kerzen leuchten. Dieser Brauch symbolisiert das Licht, das mit der Geburt Jesu in die Welt kommt, und dient als tägliche Erinnerung an die Vorfreude auf das Weihnachtsfest.

Ebenso tief in der deutschen Kultur verwurzelt ist der **Adventskalender**, der vor allem bei Kindern, aber auch bei Erwachsenen beliebt ist. Mit jedem Tag im Dezember, an dem eine neue Tür geöffnet wird, steigt die Spannung und Freude auf den Heiligabend. Ob mit Schokolade, kleinen Geschenken oder sogar virtuellen Überraschungen gefüllt, bleibt der Adventskalender ein Symbol der weihnachtlichen Vorfreude.

Ein weiteres wichtiges Element der Weihnachtszeit in Deutschland ist der **Weihnachtsmarkt**. Die Weihnachtsmärkte haben eine lange Tradition und bieten eine festliche Atmosphäre mit Lichtern, Musik und dem Duft von gebrannten Mandeln, Glühwein und Bratwurst. Sie sind ein zentraler Treffpunkt für Familien, Freunde und Nachbarn, um gemeinsam die vorweihnachtliche Zeit zu genießen. Diese Märkte sind nicht nur in Deutschland, sondern weltweit für ihre einzigartige Stimmung und Atmosphäre bekannt.

Das **Krippenspiel** und der **Weihnachtsbaum** sind zwei weitere zentrale Symbole der deutschen Weihnacht. Viele deutsche Familien stellen eine Krippe auf, die die Geburt Jesu darstellt. Diese Krippen reichen von einfachen, handgefertigten Versionen bis hin zu aufwendig gestalteten Krippen mit vielen Figuren. Der Weihnachtsbaum, der traditionell mit Lichtern, Kugeln und Lametta geschmückt wird, steht im Mittelpunkt des weihnachtlichen Familienlebens. Am

Heiligabend wird der Baum feierlich erleuchtet und symbolisiert für viele Menschen das Licht und die Hoffnung, die mit der Geburt Christi in die Welt gebracht wurden.

Weihnachten in Deutschland ist auch stark von der Bedeutung des **Schenken und Teilens** geprägt. Der Brauch, Geschenke zu überreichen, symbolisiert nicht nur die Gaben der Weisen an das Christuskind, sondern auch den Wunsch, Freude und Liebe mit den Menschen zu teilen, die einem nahe stehen. Diese Tradition wird besonders am Heiligabend gefeiert, wenn die Familie zusammenkommt, um Geschenke auszutauschen und das Festessen gemeinsam zu genießen.

Die religiöse Bedeutung von Weihnachten bleibt in Deutschland trotz der zunehmenden Säkularisierung der Gesellschaft stark verwurzelt. Viele Deutsche besuchen am Heiligabend oder am Weihnachtstag einen **Gottesdienst**, oft verbunden mit einem Krippenspiel oder Chören, die traditionelle Weihnachtslieder singen. Diese religiösen Zeremonien erinnern daran, dass Weihnachten ursprünglich ein christliches Fest ist, das die Geburt Jesu Christi als zentrale Botschaft hat.

Neben den familiären und religiösen Ritualen hat Weihnachten auch einen wichtigen Platz in der deutschen **Volkskultur**. Traditionelle Weihnachtslieder, Gedichte und Geschichten, wie zum Beispiel "Stille Nacht, heilige Nacht" oder die Weihnachtsgeschichte von Charles Dickens, sind fest in der weihnachtlichen Tradition verankert. Diese Lieder und Geschichten schaffen eine emotionale Verbindung zwischen den Generationen und tragen dazu bei, dass die Weihnachtszeit als eine Zeit der Freude, der Hoffnung und des Friedens empfunden wird.

Die **Symbolik von Weihnachten** ist in Deutschland vielfältig und tief verwurzelt. Der Weihnachtsbaum, der Adventskranz, das Licht der Kerzen, die Krippe und die Weihnachtslieder sind Ausdruck einer jahrhundertealten Tradition, die sich über die Jahre hinweg weiterentwickelt hat. Diese Symbole sind jedoch mehr als nur Dekorationen; sie verkörpern die tiefe Sehnsucht nach Frieden, Geborgenheit und Gemeinschaft, die in der Weihnachtszeit besonders stark zum Ausdruck kommt.

Weihnachten in Deutschland ist eine Zeit, in der sich die Menschen auf das Wesentliche besinnen – auf die Familie, den Glauben und die Gemeinschaft. Die Traditionen, die in dieser Zeit gepflegt werden, dienen nicht nur dazu, das Fest zu feiern, sondern auch dazu, den tieferen Sinn von Weihnachten zu verstehen und zu bewahren.

2.2 Traditionelle Weihnachtsgerichte in Deutschland

Weihnachten in Deutschland ist nicht nur ein Fest der Besinnung und der Familie, sondern auch eine Zeit, in der traditionelle Speisen eine zentrale Rolle spielen. Die Vorfreude auf das Fest und die damit verbundenen kulinarischen Rituale tragen wesentlich zur festlichen Stimmung bei. In der Adventszeit und an den Weihnachtstagen selbst werden zahlreiche Gerichte serviert, die seit Generationen überliefert sind und eng mit der deutschen Kultur und Geschichte verknüpft sind.

Die Adventszeit beginnt mit einer Vielzahl von **weihnachtlichen Backwaren**, die schon Wochen vor dem eigentlichen Fest zubereitet und genossen werden. Besonders beliebt sind dabei **Plätzchen**, die in fast jedem deutschen Haushalt zur Adventszeit gehören. Zu den bekanntesten

Sorten zählen **Vanillekipferl**, **Zimtsterne** und **Lebkuchen.** Diese kleinen, süßen Gebäckstücke werden oft in geselliger Runde gebacken, was das Backen zu einem wichtigen Familienereignis macht. Das gemeinsame Zubereiten und Verzieren der Plätzchen fördert das Miteinander und ist für viele Familien ein fest verankertes Ritual. Dabei wird nicht nur gebacken, sondern auch Geschichten erzählt und Weihnachtslieder gesungen – das Backen wird so zu einem Akt des Zusammenkommens und der Vorfreude auf das Fest.

Lebkuchen, insbesondere die berühmten **Nürnberger Lebkuchen,** sind ein weiteres unverzichtbares Element der Adventszeit. Ursprünglich im Mittelalter entstanden, sind Lebkuchen heute in vielen Variationen erhältlich, von schlichten Gewürzkeksen bis hin zu kunstvoll verzierten Lebkuchenherzen. Lebkuchenhäuser, die aus großen Lebkuchenplatten zusammengesetzt und mit Zuckerguss dekoriert werden, sind besonders bei Kindern beliebt. Diese aufwendig gestalteten Häuser dienen nicht nur als festliche Dekoration, sondern oft auch als gemeinsames Bastelprojekt.

Neben den Plätzchen spielen auch **Stollen** eine wichtige Rolle. Der **Christstollen,** oft einfach nur **Stollen** genannt, ist ein traditioneller Hefekuchen, der mit getrockneten Früchten, Mandeln und Marzipan gefüllt ist und mit einer dicken Schicht Puderzucker bedeckt wird. Dieser Kuchen stammt ursprünglich aus Sachsen, insbesondere aus der Stadt Dresden, wo jedes Jahr ein großes Stollenfest gefeiert wird. Der Stollen symbolisiert das in Windeln gewickelte Jesuskind, was ihm eine tiefere religiöse Bedeutung verleiht. Der Stollen wird oft schon Wochen vor Weihnachten gebacken, da er durch die Lagerung seinen Geschmack intensiviert.

Während die Adventszeit vor allem durch süßes Gebäck geprägt ist, kommen an den Weihnachtstagen selbst auch herzhafte Gerichte auf den Tisch. In vielen Regionen Deutschlands gehört ein **Gänsebraten** mit Rotkohl und Knödeln zu den klassischen Weihnachtsgerichten. Die Weihnachtsgans, deren Tradition bis ins Mittelalter zurückreicht, gilt als festliches Hauptgericht und wird häufig am ersten oder zweiten Weihnachtsfeiertag serviert. Die Gans wird in der Regel mit Äpfeln, Zwiebeln und Kräutern gefüllt und langsam im Ofen gebraten, sodass sie außen knusprig und innen saftig ist. Dazu werden **Kartoffelklöße** und **Rotkohl** gereicht, die das Gericht abrunden und für viele Deutsche das klassische Weihnachtsessen symbolisieren.

In einigen Regionen Deutschlands, insbesondere in Norddeutschland, ist **Karpfen blau** ein traditionelles Weihnachtsgericht. Der Karpfen wird dabei in Essigwasser pochiert und zusammen mit Salzkartoffeln und einer speziellen Buttersoße serviert. Diese Tradition geht auf die katholische Fastenzeit zurück, in der Fischgerichte an den Feiertagen erlaubt waren. Obwohl der Karpfen heute seltener auf den Weihnachtstischen zu finden ist, bleibt er in vielen Familien ein fester Bestandteil der festlichen Speisen.

Eine weitere beliebte Alternative ist **Fondue** oder **Raclette,** das vor allem an Heiligabend häufig serviert wird. Bei diesen Gerichten steht das gemeinsame Essen im Vordergrund: Die Familie sitzt zusammen am Tisch und jeder bereitet sich sein Essen direkt am Tisch selbst zu. Diese Form des Essens ist besonders kommunikativ und schafft eine entspannte und gesellige Atmosphäre. Während beim Fondue kleine Fleischstücke in heißem Fett gegart werden, schmilzt man beim Raclette Käse, der über Kartoffeln und Gemüse gegossen wird. Beide Gerichte ermöglichen es, lange gemeinsam am Tisch zu sitzen und das Essen zu einem sozialen Erlebnis zu machen.

Neben den Hauptgerichten gibt es auch traditionelle Getränke, die zur Weihnachtszeit gehören. **Glühwein** ist dabei das bekannteste und am weitesten verbreitete Getränk. Der würzige, heiße

Wein wird auf den Weihnachtsmärkten ausgeschenkt und ist ein beliebtes Getränk, um sich in der kalten Jahreszeit aufzuwärmen. Glühwein wird in der Regel aus Rotwein, Zucker, Zimt, Nelken und Orangen zubereitet und kann nach Belieben mit einem Schuss Rum oder Amaretto verfeinert werden. **Feuerzangenbowle**, eine weitere Variante des Glühweins, ist besonders an Silvester beliebt und wird durch das Flambieren eines in Rum getränkten Zuckerhuts zubereitet.

Die **Weihnachtsbäckerei** und die festlichen Hauptgerichte symbolisieren mehr als nur Nahrung – sie verkörpern den Akt des Teilens und des Zusammenkommens. Das gemeinsame Zubereiten und Genießen der Speisen ist ein wichtiger Teil der deutschen Weihnachtstradition und schafft eine Atmosphäre der Nähe und Gemeinschaft. In vielen Familien gibt es Rezepte, die seit Generationen weitergegeben werden, was den Gerichten eine besondere emotionale Bedeutung verleiht. Diese kulinarischen Traditionen stärken die familiären Bindungen und sorgen dafür, dass Weihnachten als eine Zeit der Wärme, Geborgenheit und Zusammengehörigkeit empfunden wird.

Neben den großen Festessen gibt es auch regionale Spezialitäten, die in den verschiedenen Teilen Deutschlands zu Weihnachten serviert werden. In Bayern gehören beispielsweise **Weißwürste** und **Brezeln** zu einem traditionellen Weihnachtsfrühstück, während in Thüringen **Thüringer Rostbratwurst** eine beliebte Delikatesse ist. Diese Vielfalt an kulinarischen Traditionen zeigt, wie stark Weihnachten in den verschiedenen Regionen Deutschlands verankert ist und wie wichtig das Essen als Teil der festlichen Rituale ist.

Insgesamt zeigt sich, dass die **Weihnachtsküche** in Deutschland einen wesentlichen Bestandteil des Festes darstellt. Sie verbindet die Menschen, schafft Raum für gemeinsame Erlebnisse und stärkt das Gefühl der Zusammengehörigkeit. Weihnachten in Deutschland ist ohne die traditionellen Speisen kaum vorstellbar – sie sind das Herzstück der festlichen Zeit und machen das Weihnachtsfest zu einem besonderen Ereignis für Familien und Freunde.

2.3 Essen und Tradition: Warum einen kulinarischen Adventskalender erstellen?

Ein kulinarischer Adventskalender verbindet zwei der schönsten Aspekte der Vorweihnachtszeit: die Freude am Kochen und Genießen sowie das tägliche Entdecken einer kleinen Überraschung. In einer Zeit, in der die Adventszeit oft von Hektik und Konsum geprägt ist, bietet ein solcher Kalender die Möglichkeit, sich auf die Essenz von Weihnachten zu besinnen – auf gemeinsame Momente, die Freude am Schaffen und die Verbindung durch das Essen. Die Idee, jeden Tag einen neuen kulinarischen Genuss zu kreieren, eröffnet eine besondere Dimension der Vorfreude und des Feierns, die über das bloße Öffnen von Türchen hinausgeht.

Die Motivation, einen **kulinarischen Adventskalender** zu gestalten, liegt oft im Wunsch, alltägliche Routinen zu unterbrechen und die Adventszeit bewusster zu erleben. Während traditionelle Adventskalender mit Schokolade oder kleinen Geschenken gefüllt sind, geht ein kulinarischer Kalender darüber hinaus, indem er tägliche Rituale in der Küche schafft. Jeden Tag wird ein neues Rezept ausprobiert, und der Prozess des Kochens wird zu einem festlichen Akt. Dies verstärkt nicht nur die Vorfreude auf Weihnachten, sondern fördert auch den kreativen

Umgang mit Lebensmitteln. Ein solches Projekt erfordert zwar Planung und Engagement, aber es belohnt die Teilnehmenden mit einzigartigen Momenten der Zufriedenheit und des Genusses.

Der **emotionale Wert** eines kulinarischen Adventskalenders ist nicht zu unterschätzen. Für viele Menschen sind Essen und Kochen eng mit Kindheitserinnerungen und familiären Traditionen verbunden. Die Zubereitung eines besonderen Gerichts jeden Tag kann daher nicht nur neue kulinarische Erlebnisse schaffen, sondern auch nostalgische Gefühle wecken und die Verbindung zu vergangenen Weihnachtsfesten stärken. Der Geruch von frisch gebackenen Plätzchen, das Aroma von Zimt und Nelken oder das Knistern eines Bratens im Ofen rufen sofort Bilder von gemütlichen Abenden mit der Familie wach. Diese emotionalen Assoziationen machen die tägliche Kreation eines festlichen Gerichts zu einem besonderen Highlight der Adventszeit.

Darüber hinaus bietet ein kulinarischer Adventskalender die Möglichkeit, sich mit der **Vielfalt der weihnachtlichen Küche** auseinanderzusetzen. In Deutschland, aber auch international, gibt es unzählige weihnachtliche Rezepte, die oft von Region zu Region unterschiedlich sind. Ein solcher Kalender kann dazu genutzt werden, neue Rezepte auszuprobieren, die vielleicht nicht Teil der eigenen Familientradition sind. Dies erweitert den kulinarischen Horizont und ermöglicht es, die Adventszeit auch als eine Reise durch verschiedene Kulturen und Küchen zu erleben. Besonders spannend ist es, traditionelle Gerichte mit neuen, modernen Rezepten zu kombinieren und so eine Brücke zwischen Vergangenheit und Gegenwart zu schlagen.

Ein weiterer wichtiger Aspekt eines kulinarischen Adventskalenders ist seine **praktische Bedeutung**. Das tägliche Kochen eines festlichen Gerichts hilft dabei, in der hektischen Vorweihnachtszeit kleine Inseln der Ruhe und Freude zu schaffen. Viele Menschen empfinden das Kochen als entspannend und meditativ, da es einen festen Fokus und eine klare Struktur bietet. Ein solcher Kalender kann also auch als eine Art Selbstfürsorge dienen, die in der oft stressigen Adventszeit besonders wertvoll ist. Anstatt sich von den Erwartungen und dem Trubel der Vorweihnachtszeit überwältigen zu lassen, bietet der kulinarische Kalender eine Möglichkeit, sich auf das Wesentliche zu konzentrieren und das eigene Wohlbefinden zu fördern.

Besonders in der heutigen Zeit, in der viele Menschen das Bedürfnis haben, ihre Ernährung bewusster zu gestalten, kann ein kulinarischer Adventskalender auch ein **gesundes Gegengewicht** zu den oft üppigen und süßen Speisen der Weihnachtszeit bieten. Indem man jeden Tag ein selbst zubereitetes Gericht kreiert, hat man die volle Kontrolle über die Zutaten und kann gezielt gesündere Alternativen wählen, ohne auf den Genuss zu verzichten. Dies fördert nicht nur das eigene Wohlbefinden, sondern kann auch dazu beitragen, das Bewusstsein für nachhaltige und saisonale Lebensmittel zu schärfen.

Ein weiterer bedeutender Punkt ist die **Verbindung, die durch gemeinsames Kochen** entsteht. Ein kulinarischer Adventskalender eignet sich hervorragend, um Freunde und Familie in den Kochprozess einzubeziehen. Das tägliche Zubereiten eines neuen Gerichts kann zu einem gemeinsamen Ritual werden, das die Vorfreude auf Weihnachten steigert. Besonders Kinder lassen sich gerne in die Küche einbinden und erleben so die Magie der Adventszeit auf eine ganz neue Weise. Das gemeinsame Kochen schafft nicht nur wertvolle Erinnerungen, sondern fördert auch die Kommunikation und das Miteinander.

Letztlich ist die Idee eines kulinarischen Adventskalenders auch ein Ausdruck von **Kreativität und Individualität**. Jeder Kalender kann nach den eigenen Vorlieben und Fähigkeiten gestaltet werden

– von einfachen, schnell zubereiteten Gerichten bis hin zu aufwendigen Festessen. Es gibt keine festen Regeln, und gerade das macht einen solchen Kalender so reizvoll. Ob man sich für klassische Rezepte wie Lebkuchen und Stollen entscheidet oder moderne, internationale Gerichte ausprobiert – der Kreativität sind keine Grenzen gesetzt.

Der kulinarische Adventskalender ist somit weit mehr als nur eine Ansammlung von Rezepten. Er steht für eine bewusste Gestaltung der Adventszeit, die das Essen in den Mittelpunkt rückt und gleichzeitig emotionale und soziale Verbindungen stärkt. Es geht nicht nur darum, neue Gerichte zu entdecken, sondern auch darum, die festliche Zeit mit allen Sinnen zu genießen und sich jeden Tag ein kleines Stück Vorfreude zu schenken.

2.4 Die Bedeutung traditioneller Rezepte in der Adventszeit

Die Adventszeit in Deutschland ist geprägt von einer Fülle an Traditionen, und besonders die kulinarischen Bräuche nehmen dabei einen zentralen Platz ein. Traditionelle Rezepte, die über Generationen hinweg weitergegeben wurden, sind tief in der Kultur und im familiären Leben verankert. Sie stehen nicht nur für den Genuss, sondern auch für Gemeinschaft, Identität und das Bewahren von Erinnerungen.

Für viele Familien sind die Rezepte, die in der Adventszeit auf den Tisch kommen, mehr als nur Anleitungen zum Zubereiten von Speisen. Sie sind ein wichtiger Teil des kulturellen Erbes und tragen eine symbolische Bedeutung, die weit über die Zubereitung der Gerichte hinausgeht. Wenn Großmutter, Mutter und Enkel gemeinsam Plätzchen backen oder den Stollen vorbereiten, werden nicht nur kulinarische Techniken weitergegeben, sondern auch Geschichten erzählt und Erinnerungen geteilt. Die **Weitergabe von Rezepten** innerhalb der Familie verbindet die Generationen und schafft eine tiefere emotionale Bindung zwischen Jung und Alt.

Besonders in der Adventszeit, die als Zeit der Besinnung und des Zusammenkommens gilt, spielt das gemeinsame Kochen eine wichtige Rolle. Die **Zubereitung traditioneller Gerichte** schafft eine Atmosphäre der Geborgenheit und des Vertrauten. In vielen Familien ist es ein festes Ritual, sich an bestimmten Tagen im Advent in der Küche zu versammeln und gemeinsam zu kochen oder zu backen. Dabei werden oft Rezepte verwendet, die seit Generationen unverändert geblieben sind. Diese Rezepte sind nicht nur Teil der Familiengeschichte, sondern spiegeln auch regionale oder lokale Traditionen wider. In Bayern mag der Christstollen oder die Lebkuchen dominieren, während im Norden Deutschlands das Marzipan eine größere Rolle spielt.

Der symbolische Wert dieser traditionellen Rezepte liegt auch darin, dass sie oft eng mit bestimmten **weihnachtlichen Ritualen** verbunden sind. Das gemeinsame Backen von Zimtsternen oder Vanillekipferln ist nicht nur eine kulinarische Tätigkeit, sondern Teil des weihnachtlichen Vorbereitungsprozesses. Es sind diese kleinen Rituale, die die Vorfreude auf das Fest steigern und die Adventszeit zu einer besonderen Zeit machen. Die Düfte von frisch gebackenen Plätzchen, das Knistern des Ofens und das Dekorieren der Kekse mit Zuckerguss und Streuseln sind fest verankert in den Erinnerungen vieler Menschen und rufen jedes Jahr aufs Neue das Gefühl von Heimat und Tradition hervor.

Neben den emotionalen und familiären Aspekten tragen traditionelle Rezepte auch zur **Stärkung der Gemeinschaft** bei. Viele dieser Gerichte sind nicht nur für den privaten Verzehr gedacht, sondern werden auch mit Freunden, Nachbarn oder in der Kirchengemeinde geteilt. Besonders in ländlichen Gegenden ist es üblich, während der Adventszeit **Plätzchen** oder **selbstgemachte Stollen** zu verschenken. Diese Geschenke, die oft in liebevoll verpackten Tüten oder Schachteln überreicht werden, symbolisieren die Freude am Teilen und die Bedeutung von Großzügigkeit in der Weihnachtszeit. Es ist eine Geste, die das soziale Miteinander stärkt und die Verbindung zwischen den Menschen vertieft.

Darüber hinaus sind traditionelle Rezepte oft eng mit der **Geschichte einer Region** verbunden. Bestimmte Weihnachtsgerichte haben in verschiedenen Teilen Deutschlands eine lange Tradition und spiegeln die kulturellen Eigenheiten und die Geschichte der jeweiligen Region wider. Der Dresdner Christstollen, die Nürnberger Lebkuchen oder der Aachener Printen sind nicht nur lokale Delikatessen, sondern auch Symbole für die handwerkliche Kunst und die historischen Handelswege, die diese Gerichte über Jahrhunderte geprägt haben. Diese Speisen sind eng mit der Identität der jeweiligen Region verbunden und werden oft als Teil des kulturellen Erbes betrachtet.

Ein weiterer wichtiger Aspekt ist der **rituelle Charakter** der Zubereitung von Weihnachtsgerichten. Viele traditionelle Rezepte erfordern Zeit, Geduld und handwerkliches Geschick. Der Stollen zum Beispiel muss oft Wochen vor dem Verzehr gebacken werden, um seine volle Reife zu erlangen. Dieser **bewusste, entschleunigte Prozess** steht im Gegensatz zur Hektik des Alltags und erinnert daran, dass die Adventszeit auch eine Zeit der inneren Einkehr und des Wartens ist. Das langsame Herstellen dieser besonderen Speisen trägt zur Entschleunigung bei und bietet die Gelegenheit, sich auf die eigentliche Bedeutung des Weihnachtsfestes zu besinnen.

Traditionelle Rezepte dienen in vielen Familien auch als **Brücke zwischen Vergangenheit und Gegenwart**. Durch das Weitergeben von Rezepten aus früheren Generationen bleibt die Verbindung zu verstorbenen Familienmitgliedern oder zu fernen Zeiten lebendig. Viele Menschen berichten, dass sie sich an ihre Großeltern erinnern, wenn sie ein bestimmtes Weihnachtsgebäck zubereiten oder dass sie durch den Geschmack eines Gerichts in ihre eigene Kindheit zurückversetzt werden. Diese Kontinuität schafft eine starke emotionale Bindung und gibt den Menschen das Gefühl, Teil einer größeren Erzählung zu sein, die von Generation zu Generation weitergetragen wird.

Das Kochen und Backen in der Adventszeit ist somit weit mehr als eine bloße Vorbereitung auf das Festessen. Es ist ein **kultureller Akt**, der tief in den Werten und Traditionen der deutschen Gesellschaft verankert ist. Es ist ein Moment des Innehaltens, der Bewahrung und des gemeinsamen Feierns. Durch die Pflege dieser traditionellen Rezepte bleibt nicht nur die kulinarische Vielfalt Deutschlands erhalten, sondern es werden auch wichtige soziale und emotionale Werte weitergegeben. In einer zunehmend globalisierten Welt, in der viele Traditionen an Bedeutung verlieren, bieten diese Rezepte einen Anker, der Menschen hilft, ihre Wurzeln und ihre Identität zu bewahren.

EINKAUFSLISTE 1.–24. DEZEMBER

Für alle, die das Erlebnis des Adventskalenders unbeschwert genießen möchten, bietet diese Rubrik eine spannende Liste der wichtigsten Zutaten für alle 24 Tage. Ohne die Rezepte vorwegzunehmen, bewahrt der "Einkaufsplan" das Geheimnis jeder kulinarischen Überraschung. Mit allen Zutaten griffbereit kannst du dich Tag für Tag auf jede köstliche Entdeckung einlassen und die Magie und Tradition von Weihnachten ohne Unterbrechungen genießen. Bereite dich auf eine geschmackliche Reise vor… Zutat für Zutat!

1 DEZEMBER

- Mehl
- Honig
- Zucker
- Zimt
- gemahlener Ingwer
- gemahlene Nelken
- Muskat
- Backpulver
- gemahlene Mandeln
- Zartbitterschokolade

2 DEZEMBER

- Mandeln
- Puderzucker
- Zimt
- Eiweiße
- Salz
- Zitronensaft

3 DEZEMBER

- Mehl
- Butter
- Zucker
- Mandeln
- Vanillezucker
- Vanilleschote
- Puderzucker

4 DEZEMBER

- Mehl
- Butter
- Zucker
- Rosinen
- Mandeln
- Zitronat und Orangeat
- Vanillezucker
- Trockenhefe
- Milch
- Salz
- Zimt

5 DEZEMBER

- Kardamom
- Muskatnuss
- Zitronenabrieb
- Puderzucker

5 DEZEMBER

- Marzipanrohmasse
- Puderzucker
- Kakao

6 DICEMBRE

- Mehl
- Zucker
- brauner Zucker
- Butter
- Ei
- Zimt
- Kardamom
- Nelken
- Salz
- Backpulver

7 DEZEMBER

- Mehl
- Honig
- Zucker
- Pfeffer
- Zimt
- Muskatnuss
- Kardamom
- Ingwer
- Natron (Bikarbonat)
- Ei
- Butter

8 DEZEMBER

- Mehl
- Zucker
- Kakao
- Butter
- Eier

8 DEZEMBER

- Zimt
- Nelkenpulver
- Muskatnuss
- Backpulver
- gehackte Mandeln
- gehackte Haselnüsse
- Zartbitterschokolade

9 DEZEMBER

- Mehl
- Quark
- Butter
- Zucker
- Vanillezucker
- Backpulver
- Rosinen
- Zitronat
- Orangeat
- Zimt
- Zitronenabrieb
- Salz
- Puderzucker

10 DEZEMBER

- Mehl
- Eier
- Puderzucker
- Anissamen
- Vanillezucker
- Zitronenabrieb

11 DEZEMBER

- Mehl
- Butter
- Zucker
- Vanillezucker
- Eier
- Butter
- Haselnüsse oder Walnüsse
- Zartbitterschokolade

•Aprikosenmarmelade

12 DEZEMBER
•Marzipan
•Pan di Spagna
•Aprikosenmarmelade
•Zartbitterschokolade
•Vollmilchschokolade
Rum oder Rum-Aroma

13 DEZEMBER
•Mehl
•Zucker
•Butter
•Zartbitterschokolade
•Eier
•Vanillezucker
•Backpulver
•Salz
•Milch

14 DEZEMBER
•Haselnüsse
•Eiweiße
•Zucker
•Vanillezucker
•Salz

15 DEZEMBER
•Marzipan
•Mandeln
•Zucker
•Eiweiß
•Mandeln
•Rosenwasser

16 DEZEMBER
•Butter
•Zucker
•Vanillezucker
•Mehl

•Salz

17 DEZEMBER
•Mandeln
•Haselnüsse
•Zucker
•Honig
•Eier
•Zimt
•Nelkenpulver
•Muskatnuss
•Kardamom
•kandierte Orangenschalen
•kandierte Zitronenschalen
•Oblaten
•Schokolade oder Zuckerglasur

18 DEZEMBER
•Roggenmehl
•Feigen
•Walnüsse
•Rosinen
•Birnen
•Zimt
•Nelkenpulver
•Muskatnuss
•Trockenhefe
•Salz
•Honig
•Wasser

19 DEZEMBER
•Zartbitterschokolade
•Butter
•Puderzucker
•Rum
•Kakaopulver
•Kokosraspeln oder Zuckerstreusel

20 DEZEMBER
•Biskuitteig (Pan di Spagna)
•Aprikosenmarmelade
•Rum
•Puderzucker
•Tropfen rote Lebensmittelfarbe
•Marzipan
•Schokolade

21 DEZEMBER
•Mehl
•Butter
•Zucker
•Eier
•Salz
•Öl zum Frittieren
•Puderzucker

22 DEZEMBER
•Mehl
•Eier
•Zucker
•Anissamen
•Salz

23 DEZEMBER
•Mehl
•Zucker
•Honig
•Eier
•Zimt
•Ingwer
•Nelkenpulver
•Backpulver
•Puderzucker
•Schokolade, Bonbons, Smarties

<u>24 DEZEMBER</u>
- 1 Flasche Rotwein
- Zimtstange
- Nelken
- Sternanis
- Orange
- Zucker
- Rum oder Amaretto

<u>24 DEZEMBER</u>
- 1 Flasche Rotwein
- Zimtstange
- Nelken
- Sternanis
- Orange
- Zucker
- Rum oder Amaretto

KAPITEL 3: DER KULINARISCHE ADVENTSKALENDER 24 TRADITIONELLE REZEPTE

1. Dezember

Lebkuchen – Weihnachtliche Gewürzkekse

Zutaten:

- 500 g Mehl

- 200 g Honig

- 150 g Zucker

- 1 TL Zimt

- 1 TL gemahlener Ingwer

- 1/2 TL gemahlene Nelken

- 1/2 TL Muskat

- 1 TL Backpulver

- 100 g gemahlene Mandeln

- 150 g Zartbitterschokolade (für die Glasur)

Zubereitung:

Die Zubereitung von Lebkuchen erfordert ein sorgfältiges Gleichgewicht zwischen den Gewürzen, um den charakteristischen Geschmack zu erzielen. Zunächst wird der Honig in einem Topf bei niedriger Hitze erwärmt, bis er flüssig wird. Anschließend wird der Zucker hinzugefügt und unter ständigem Rühren aufgelöst. Diese Mischung sollte abkühlen, bevor sie weiterverarbeitet wird.

In einer großen Schüssel werden das Mehl, das Backpulver und die Gewürze – Zimt, Ingwer, Nelken und Muskat – miteinander vermischt. Die gemahlenen Mandeln werden ebenfalls untergerührt, um dem Teig eine nussige Note zu verleihen. Anschließend wird die abgekühlte Honig-Zucker-Mischung vorsichtig unter die trockenen Zutaten gemengt. Der Teig sollte nun zu einer glatten, aber noch leicht klebrigen Masse verknetet werden.

Nachdem der Teig gründlich durchgeknetet wurde, sollte er für mindestens eine Stunde, besser jedoch über Nacht, im Kühlschrank ruhen. Dies ist ein wichtiger Schritt, um den Aromen Zeit zu geben, sich vollständig zu entfalten und den Teig fester zu machen.

Nach der Ruhezeit wird der Teig auf einer bemehlten Arbeitsfläche etwa einen halben Zentimeter dick ausgerollt. Mit einer Lebkuchenform oder einem einfachen runden Ausstecher werden die Plätzchen ausgestochen und auf ein mit Backpapier ausgelegtes Backblech gelegt. Die Lebkuchen werden im vorgeheizten Ofen bei 180°C etwa 12-15 Minuten gebacken, bis sie eine leicht goldbraune Farbe angenommen haben. Es ist wichtig, die Lebkuchen nicht zu lange zu backen, damit sie weich und saftig bleiben.

Während die Lebkuchen abkühlen, wird die Glasur vorbereitet. Die Zartbitterschokolade wird im Wasserbad geschmolzen. Sobald die Lebkuchen vollständig abgekühlt sind, werden sie nach Belieben mit der geschmolzenen Schokolade überzogen oder mit einer einfachen Zuckerglasur bestrichen. Wer es besonders festlich mag, kann die Lebkuchen zusätzlich mit gehackten Mandeln oder Zuckerstreuseln dekoriere

Kuriosität:
Lebkuchen haben eine lange und reiche Geschichte, die bis ins Mittelalter zurückreicht. Besonders berühmt sind die **Nürnberger Lebkuchen**, die als eine der edelsten Varianten dieses Weihnachtsgebäcks gelten. Ursprünglich von Klöstern hergestellt, war der Lebkuchen schon im 13. Jahrhundert ein fester Bestandteil der weihnachtlichen Tradition in Deutschland. Die Klöster verfügten über das Wissen und die Ressourcen, die exotischen Gewürze wie Zimt und Nelken zu verwenden, die aus dem Orient nach Europa gelangten.

Nürnberg, eine Stadt, die im Mittelalter ein wichtiges Handelszentrum war, spielte eine zentrale Rolle in der Verbreitung und Verfeinerung des Lebkuchens. Die Stadt wurde durch ihre strategische Lage zum Dreh- und Angelpunkt des Gewürzhandels, was den Bäckern Zugang zu hochwertigen Zutaten verschaffte. Dies machte die Nürnberger Lebkuchen besonders berühmt. Bis heute gelten sie als eine der bekanntesten Spezialitäten der Stadt und werden weltweit geschätzt.

Lebkuchen sind tief in der **deutschen Weihnachtskultur** verwurzelt und werden traditionell auf den Weihnachtsmärkten verkauft, die in der Adventszeit in vielen deutschen Städten und Dörfern abgehalten werden. Der süße Duft von Lebkuchen und Glühwein erfüllt die Luft, und die Menschen strömen zusammen, um diese festlichen Leckereien zu genießen. Die harten Lebkuchenherzen, die oft mit Zuckerguss-Sprüchen verziert und auf den Märkten verkauft werden, sind nicht nur zum Verzehr gedacht, sondern werden oft als Geschenk oder Andenken mit nach Hause genommen.

Die Symbolik des Lebkuchens geht jedoch über seine kulinarische Bedeutung hinaus. In vielen Kulturen gilt er als Zeichen von Reichtum und Wohlstand, da die darin verwendeten Gewürze in früheren Zeiten kostbar und selten waren. Es war daher ein besonderes Privileg, in der Weihnachtszeit Lebkuchen backen und essen zu können. Heute ist der Lebkuchen für viele Menschen ein nostalgischer Genuss, der Erinnerungen an frühere Weihnachtsfeste weckt und die Vorfreude auf das Fest verstärkt.

Die Zubereitung von Lebkuchen ist nicht nur eine kulinarische Tradition, sondern auch ein **gemeinschaftliches Erlebnis**. Familien kommen zusammen, um den Teig zu kneten, die Plätzchen auszustechen und sie zu dekorieren. Besonders für Kinder ist das Verzieren der Lebkuchen ein Höhepunkt der Adventszeit. Diese Tradition des gemeinsamen Backens und Genießens stärkt die familiären Bindungen und schafft Erinnerungen, die oft ein Leben lang halten.

Durch die Kombination aus **Geschmack, Geschichte und Symbolik** bleibt der Lebkuchen ein unverzichtbarer Bestandteil der deutschen Weihnachtstradition.

2. Dezember

Zimtsterne – Sterne aus Zimt

Zutaten:

- 300 g gemahlene Mandeln
- 250 g Puderzucker
- 2 TL Zimt
- 2 Eiweiße
- 1 Prise Salz
- 1 TL Zitronensaft

Zubereitung:

Die Zimtsterne gehören zu den Klassikern der deutschen Weihnachtsbäckerei und zeichnen sich durch ihre unverwechselbare Mischung aus Mandeln und Zimt aus. Um die perfekten Zimtsterne zu kreieren, beginnen wir damit, das Eiweiß in einer sauberen Schüssel mit einer Prise Salz steif zu schlagen. Sobald das Eiweiß eine feste Konsistenz erreicht hat, wird der Puderzucker nach und nach unter Rühren hinzugefügt, bis eine glänzende, glatte Masse entsteht. Ein kleiner Teil dieser Eiweiß-Zucker-Mischung wird beiseitegestellt, um später als Glasur verwendet zu werden.

Nun werden die gemahlenen Mandeln und der Zimt unter den restlichen Eischnee gehoben. Es ist wichtig, die Mischung vorsichtig zu verarbeiten, damit der Teig leicht bleibt und eine zarte Konsistenz behält. Der Teig sollte sich am Ende gut formen lassen, aber nicht zu klebrig sein. Falls er zu feucht ist, können noch ein paar gemahlene Mandeln hinzugefügt werden, um ihn fester zu machen.

Nachdem der Teig fertig ist, wird er auf einer mit Puderzucker bestäubten Arbeitsfläche etwa 1 cm dick ausgerollt. Hier ist Vorsicht geboten, da der Teig relativ empfindlich ist und leicht reißt. Um die Sterne zu formen, wird ein sternförmiger Ausstecher verwendet, der vor jedem

Ausstechen in Puderzucker getaucht wird, um ein Ankleben zu vermeiden. Die ausgestochenen Sterne werden vorsichtig auf ein mit Backpapier belegtes Blech gelegt.

Die zuvor beiseitegestellte Eiweiß-Zucker-Mischung dient nun als Glasur. Mit einem kleinen Löffel oder Pinsel wird die Glasur gleichmäßig auf die Oberfläche der Sterne aufgetragen. Diese glänzende weiße Schicht verleiht den Zimtsternen ihr charakteristisches Aussehen und sorgt dafür, dass sie nach dem Backen eine leicht knusprige Oberfläche erhalten.

Der nächste Schritt ist das Backen der Zimtsterne. Um die weiche Konsistenz im Inneren zu bewahren, sollten die Sterne bei niedriger Temperatur gebacken werden. Der Ofen wird auf 120°C vorgeheizt, und die Sterne werden für etwa 20-25 Minuten gebacken. Dabei ist es wichtig, die Zimtsterne nicht zu lange im Ofen zu lassen, damit sie nicht austrocknen. Die perfekte Zimtstern-Konsistenz ist außen leicht knusprig und innen weich und zart.

Nach dem Backen müssen die Zimtsterne vollständig abkühlen, bevor sie serviert werden können. Sie lassen sich in einer Keksdose mehrere Wochen aufbewahren und behalten dabei ihre weiche, saftige Konsistenz.

Kuriosität:
Die Zimtsterne sind ein fester Bestandteil der deutschen Weihnachtsbäckerei und werden vor allem wegen ihres intensiven Zimtgeschmacks geschätzt. Ihre Ursprünge lassen sich bis ins 16. Jahrhundert zurückverfolgen, als Zimt in Europa noch als exotisches Gewürz galt und hauptsächlich bei Festen und besonderen Anlässen verwendet wurde. Zimt war damals ein Symbol für Reichtum und Luxus, und das Backen von Zimtgebäck war in wohlhabenden Haushalten weit verbreitet.

Die Form der Sterne ist ebenfalls symbolträchtig und steht in der christlichen Tradition für den Weihnachtsstern, der die drei Weisen zur Geburtsstätte Jesu führte. Heute sind Zimtsterne in vielen deutschen Haushalten fester Bestandteil des Advents und werden häufig als Geschenk oder zum Teilen mit Freunden und Familie gebacken.

In vielen Regionen Deutschlands gibt es kleinere Variationen des Rezepts, wobei manche Familien den Zimtanteil variieren oder zusätzliche Gewürze wie Nelken oder Kardamom hinzufügen. Doch der Grundgedanke bleibt stets derselbe: Zimtsterne stehen für den weihnachtlichen Geist des Teilens, der Freude und des Genusses. Besonders beliebt sind sie auf Weihnachtsmärkten, wo sie neben anderen traditionellen Leckereien verkauft werden und den Besuchern den Duft von Zimt und Zucker um die Nase wehen lassen.

Die Zimtsterne, mit ihrer feinen Balance aus Süße und Würze, bringen den Geschmack der Adventszeit in jeden Haushalt und sind ein Symbol für festliche Gemütlichkeit.

3. Dezember

Vanillekipferl – Hörnchen mit Vanille

Zutaten:

- 250 g Mehl
- 200 g Butter
- 100 g Zucker
- 100 g gemahlene Mandeln
- 2 Päckchen Vanillezucker
- 1 Vanilleschote (alternativ Vanilleextrakt)
- Puderzucker zum Wälzen

Zubereitung:

Vanillekipferl gehören zu den beliebtesten Weihnachtsplätzchen und zeichnen sich durch ihre zarte Konsistenz und den unverkennbaren Vanillegeschmack aus. Um den perfekten Teig herzustellen, beginnen wir mit der sorgfältigen Vorbereitung der Zutaten. Das Mehl wird in eine Schüssel gesiebt, um eine luftige Konsistenz zu gewährleisten. Die kalte Butter wird in kleinen Stücken hinzugefügt, damit der Teig schön mürbe wird. Der Zucker, die gemahlenen Mandeln und das Mark der Vanilleschote oder alternativ Vanilleextrakt werden ebenfalls beigemischt.

Mit den Händen wird der Teig rasch geknetet, sodass die Zutaten gut miteinander vermischt sind, aber die Butter nicht zu weich wird. Dies ist entscheidend, um die typische Bröseligkeit der Vanillekipferl zu erzielen. Sobald der Teig eine gleichmäßige Konsistenz erreicht hat, wird er in Frischhaltefolie gewickelt und für mindestens eine Stunde im Kühlschrank ruhen gelassen. Dieser Schritt ist wichtig, um den Teig zu festigen und ihm eine formbare Struktur zu verleihen.

Nach der Ruhezeit wird der Teig aus dem Kühlschrank genommen und auf einer leicht bemehlten Arbeitsfläche weiterverarbeitet. Es werden kleine Portionen abgenommen und zwischen den Händen zu etwa fingerdicken Röllchen geformt. Diese Röllchen werden dann zu kleinen Halbkreisen gebogen, sodass die typische **Hörnchenform** der Vanillekipferl entsteht.

Es ist darauf zu achten, dass die Enden nicht zu dünn werden, da sie sonst beim Backen schnell verbrennen könnten.

Die geformten Kipferl werden auf ein mit Backpapier ausgelegtes Backblech gelegt und bei 175°C (Ober-/Unterhitze) im vorgeheizten Ofen etwa 10 bis 15 Minuten gebacken. Wichtig ist, die Kipferl genau zu beobachten, da sie goldgelb, aber nicht zu dunkel werden sollten. Ein gleichmäßiges Backen gewährleistet, dass die Kipferl außen knusprig und innen mürbe bleiben.

Während die Kipferl noch heiß sind, werden sie vorsichtig in einer Mischung aus Puderzucker und Vanillezucker gewälzt. Der heiße Teig sorgt dafür, dass der Zucker gut haften bleibt und die Kipferl ihren süßen Vanillegeschmack erhalten. Dieser Schritt ist besonders wichtig, da er den typischen Vanilleduft und -geschmack verstärkt. Die Kipferl sollten anschließend auf einem Gitter vollständig auskühlen, damit sie ihre perfekte Konsistenz entfalten können.

Kuriosität:
Vanillekipferl haben ihre Ursprünge in der **austro-ungarischen Monarchie** und sind heute ein fester Bestandteil der Weihnachtsbäckerei in Deutschland und Österreich. Besonders in Bayern und Österreich sind diese kleinen, mondförmigen Plätzchen weit verbreitet und dürfen auf keinem Weihnachtsteller fehlen. Die Kipferl stehen traditionell für **Fruchtbarkeit und Wohlstand**, was ihre halbmondartige Form symbolisieren soll. Der Halbmond als Form stammt vermutlich aus der osmanischen Kultur, und die Kipferl wurden in Österreich und Deutschland übernommen und verfeinert.

Historisch gesehen wurden Vanillekipferl mit teurer Vanille zubereitet, die aus den Kolonien importiert wurde, was sie zu einem Luxusgebäck machte. Die Verwendung von Mandeln, die ebenfalls nicht immer leicht verfügbar waren, verstärkte den besonderen Charakter der Kipferl. Heute sind diese Zutaten weit verbreitet, aber die besondere Symbolik und der festliche Wert der Vanillekipferl bleiben erhalten.

Es gibt viele regionale Variationen dieses Rezepts, wobei manche Familien gemahlene Haselnüsse anstelle von Mandeln verwenden oder einen Hauch Zimt in die Zucker-Mischung geben. Doch der Grundcharakter des Gebäcks bleibt stets der gleiche: mürbe, leicht süß und intensiv nach Vanille duftend.

Für viele Menschen sind Vanillekipferl mehr als nur ein Keks. Sie wecken Kindheitserinnerungen und sind ein Symbol für **familiäre Traditionen**. Das Backen dieser Kipferl ist oft eine generationsübergreifende Aktivität, bei der Großeltern, Eltern und Kinder zusammenkommen, um das Weihnachtsgebäck zu formen und zu genießen. Die einfache, aber zeitintensive Zubereitung macht das Backen von Vanillekipferl zu einem liebevollen Ritual in der Adventszeit.

Vanillekipferl werden häufig zusammen mit anderen traditionellen Weihnachtsplätzchen auf Märkten und in Konditoreien angeboten. Besonders in den Wochen vor Weihnachten sind sie in fast jedem deutschen Haushalt zu finden. Ihre zarte Struktur und der süße Vanillegeschmack machen sie zu einem beliebten Begleiter zu einer heißen Tasse Tee oder Glühwein. Auch als Geschenk sind Vanillekipferl besonders beliebt, da sie sich gut verpacken und transportieren lassen und über Wochen hinweg frisch bleiben.

Die **Beliebtheit der Vanillekipferl** hat sich auch international verbreitet, und sie sind heute in vielen Ländern bekannt und geschätzt. Ob auf festlichen Buffets, Weihnachtsmärkten oder als selbstgebackenes Geschenk – Vanillekipferl symbolisieren die Gemütlichkeit und Wärme der Weihnachtszeit und sind ein unverzichtbarer Bestandteil der festlichen Vorfreude.

4. Dezember

Christstollen – Traditionelles Weihnachtsgebäck

Zutaten:

- 500 g Mehl
- 200 g Butter
- 100 g Zucker
- 200 g Rosinen
- 100 g gehackte Mandeln
- 80 g Zitronat und Orangeat (kandierte Zitronen- und Orangenschale)
- 1 Päckchen Vanillezucker
- 1 Päckchen Trockenhefe oder 30 g frische Hefe
- 250 ml lauwarme Milch
- 1 Prise Salz
- 1 TL Zimt
- 1 TL gemahlener Kardamom
- 1 TL Muskatnuss
- 1 TL Zitronenabrieb
- Puderzucker zum Bestäuben

Zubereitung:

Der Christstollen ist ein Symbol der deutschen Weihnachtsbäckerei und zeichnet sich durch seine reichhaltige Zusammensetzung aus. Um einen authentischen Christstollen zuzubereiten, beginnen wir mit der Hefe. Die Trockenhefe oder frische Hefe wird in der lauwarmen Milch aufgelöst, um den Gärprozess zu aktivieren. Die Mischung sollte einige Minuten ruhen, bis sich Blasen bilden und die Hefe aktiviert ist.

In einer großen Schüssel wird das Mehl mit dem Zucker, dem Salz und den Gewürzen – Zimt, Kardamom und Muskatnuss – vermischt. Die Butter, die zuvor weich geworden ist, wird in Stücken hinzugefügt, ebenso wie der Zitronenabrieb und der Vanillezucker. Die Hefemischung wird nach und nach eingearbeitet, um einen glatten Teig zu formen. Dieser Teig sollte gründlich geknetet werden, bis er elastisch und geschmeidig ist. Das Kneten ist ein wesentlicher Schritt, um die perfekte Konsistenz des Christstollens zu gewährleisten.

Sobald der Teig gut durchgeknetet ist, wird er mit einem sauberen Küchentuch abgedeckt und an einem warmen Ort etwa eine Stunde gehen gelassen, bis er sich sichtbar vergrößert hat. In der Zwischenzeit werden die Rosinen, das Zitronat, das Orangeat und die gehackten Mandeln vorbereitet. Diese Zutaten werden später in den Teig eingearbeitet und geben dem Christstollen seinen typischen Geschmack und seine Textur.

Nachdem der Teig aufgegangen ist, werden die vorbereiteten Früchte und Nüsse vorsichtig unter den Teig gehoben. Dies sollte gleichmäßig erfolgen, damit die Fruchtstücke gut im Teig verteilt sind. Anschließend wird der Teig auf einer bemehlten Arbeitsfläche zu einem länglichen Laib geformt. Typischerweise wird der Teig flachgedrückt und eine Seite über die andere geschlagen, um die klassische Stollenform zu erhalten. Dieser Schritt verleiht dem Christstollen seine charakteristische Form, die an das gewickelte Christkind erinnert.

Der geformte Stollen wird auf ein mit Backpapier ausgelegtes Backblech gelegt und erneut für etwa 30 Minuten ruhen gelassen, damit er noch einmal aufgehen kann. Während dieser Zeit wird der Backofen auf 180°C vorgeheizt. Der Christstollen wird dann etwa 60-70 Minuten gebacken, bis er eine goldbraune Farbe angenommen hat und durchgebacken ist. Es ist wichtig, den Stollen nicht zu heiß zu backen, damit er innen weich und saftig bleibt.

Sobald der Stollen aus dem Ofen kommt, wird er noch heiß mit geschmolzener Butter bestrichen und großzügig mit Puderzucker bestäubt. Diese Schicht sorgt nicht nur für den süßen Geschmack, sondern schützt den Stollen auch vor dem Austrocknen und verleiht ihm sein typisches schneeweißes Aussehen. Der Stollen sollte vor dem Anschneiden vollständig abkühlen und idealerweise einige Tage durchziehen, damit sich die Aromen voll entfalten können.

Kuriosität:

Der Christstollen, besonders der berühmte **Dresdner Stollen**, ist eines der ältesten und bekanntesten Weihnachtsgebäcke Deutschlands und hat eine lange Geschichte, die bis ins **14. Jahrhundert** zurückreicht. Ursprünglich wurde der Stollen als Fastengebäck zubereitet, das nur aus Mehl, Wasser und Hefe bestand, da Butter und Milch während der Adventszeit verboten waren. Erst als Papst Innozenz VIII. im Jahr 1491 den sogenannten „Butterbrief" erließ, der die Verwendung von Butter in der Adventszeit erlaubte, entwickelte sich der Christstollen zu dem reichhaltigen Gebäck, das wir heute kennen.

Die Stadt **Dresden** hat eine besondere Verbindung zum Christstollen. Jedes Jahr wird dort das **Stollenfest** gefeiert, bei dem ein riesiger Stollen gebacken und auf einem traditionellen Weihnachtsmarkt präsentiert wird. Diese Veranstaltung zieht Besucher aus aller Welt an und feiert die lange Tradition dieses besonderen Gebäcks. Der Dresdner Stollen hat sogar eine geschützte Herkunftsbezeichnung, was bedeutet, dass nur Stollen, die in Dresden und nach bestimmten Vorgaben hergestellt werden, als „Dresdner Stollen" bezeichnet werden dürfen.

Der Christstollen ist nicht nur ein kulinarisches Highlight, sondern auch eng mit der Weihnachtszeit und dem christlichen Glauben verbunden. Die längliche Form des Stollens, die an ein in Tücher gewickeltes Kind erinnern soll, symbolisiert das neugeborene Christkind. Daher wurde der Stollen traditionell auch als „Christbrot" bezeichnet. Diese religiöse Bedeutung hat sich über die Jahrhunderte hinweg erhalten, und viele Familien pflegen die Tradition, den ersten Stollen erst am Weihnachtsabend anzuschneiden, um das Fest der Geburt Christi zu feiern.

Heute gibt es viele Variationen des Christstollens, von **Mandelstollen** über **Mohnstollen** bis hin zu Stollen mit **Marzipanfüllung**. Doch das Grundrezept bleibt weitgehend unverändert, und das Gebäck hat in der Weihnachtszeit nach wie vor einen hohen symbolischen Wert. Der Christstollen steht für **Tradition, Gemeinschaft und Genuss** und ist aus der deutschen Weihnachtstradition nicht wegzudenken.

Das Backen eines Christstollens ist ein aufwendiger, aber lohnender Prozess, der Geduld und Sorgfalt erfordert. Es ist ein Akt der Liebe und Hingabe, der oft in Gemeinschaft mit der Familie stattfindet. Für viele Menschen ist der Christstollen nicht nur ein Gebäck, sondern auch ein Stück Heimat und Erinnerung an vergangene Weihnachtsfeste.

5. Dezember

Marzipankartoffeln

Zutaten:

- 200 g Marzipanrohmasse
- 50 g Puderzucker
- 2 EL ungesüßter Kakao

Zubereitung:

Marzipankartoffeln gehören zu den einfachsten und gleichzeitig beliebtesten süßen Leckereien in der Weihnachtszeit. Ihre Herstellung erfordert nur wenige Zutaten, aber das Ergebnis ist ein traditionelles und köstliches Konfekt, das an kleine Kartoffeln erinnert.

Zunächst wird die Marzipanrohmasse in einer Schüssel mit dem Puderzucker gut verknetet. Diese Mischung sollte glatt und gleichmäßig sein, damit sie sich leicht formen lässt. Falls die Masse zu klebrig ist, kann noch etwas mehr Puderzucker hinzugefügt werden, bis die gewünschte Konsistenz erreicht ist. Es ist wichtig, darauf zu achten, dass der Marzipan schön weich bleibt, damit er sich gut formen lässt, aber gleichzeitig nicht zu sehr an den Händen klebt.

Aus der fertigen Marzipanmasse werden nun kleine, gleichmäßige Portionen abgenommen und zwischen den Handflächen zu Kugeln gerollt. Jede Kugel sollte etwa die Größe einer kleinen Kartoffel haben, was der Süßigkeit ihren Namen verleiht. Die Kugeln können in ihrer Form leicht unregelmäßig gestaltet werden, um die Ähnlichkeit mit echten Kartoffeln zu verstärken.

Sobald die Marzipankugeln geformt sind, wird der ungesüßte Kakao in eine flache Schale gegeben. Jede Kugel wird vorsichtig im Kakao gewälzt, bis sie vollständig mit einer gleichmäßigen Schicht bedeckt ist. Der Kakao sorgt nicht nur für den typischen „erdigen" Look der Marzipankartoffeln, sondern verleiht ihnen auch einen leicht herben Geschmack, der perfekt mit der Süße des Marzipans harmoniert. Durch das Wälzen im Kakao bekommen die Marzipankartoffeln ihr authentisches Aussehen und eine interessante geschmackliche Note, die das Gesamtbild abrundet.

Nach dem Wälzen im Kakao sollten die Marzipankartoffeln einige Minuten ruhen, damit der Kakao gut haftet. Sie können in einer dekorativen Schachtel oder auf einem Teller serviert werden und sind ideal, um sie an Familie und Freunde zu verschenken. Ihre schlichte, aber charmante Präsentation macht sie zu einem beliebten Geschenk in der Adventszeit, insbesondere in selbstgemachten Weihnachtsgeschenkpaketen.

Kuriosität:

Marzipankartoffeln haben ihren Ursprung in Deutschland und sind seit dem 19. Jahrhundert ein fester Bestandteil der weihnachtlichen Naschereien. Besonders in Norddeutschland, wo Marzipan eine lange Tradition hat, sind diese kleinen Köstlichkeiten weit verbreitet. Die Stadt **Lübeck**, die als Hauptstadt des Marzipans gilt, hat eine besondere Verbindung zu diesem Konfekt. Lübecker Marzipan ist weltweit bekannt für seine hohe Qualität, und viele der bekanntesten Marzipankonfekte stammen aus dieser Region.

Die einfache Zubereitung und die wenigen Zutaten machen die Marzipankartoffeln zu einer beliebten Süßigkeit, die nicht nur zur Weihnachtszeit genossen wird. Besonders Kinder lieben es, die kleinen Marzipankugeln zu formen und im Kakao zu wälzen. Dieser Prozess ist oft ein gemeinsames Familienritual in der Vorweihnachtszeit, bei dem alle zusammenkommen, um diese süßen Leckereien herzustellen. Für viele Familien sind Marzipankartoffeln ein fester Bestandteil ihrer Adventstraditionen, und sie werden oft zusammen mit anderen traditionellen Süßigkeiten wie **Lebkuchen** und **Zimtsternen** serviert.

Neben der einfachen Herstellung ist auch die Form der Marzipankartoffeln interessant. Die Wahl, Marzipan in Form von kleinen Kartoffeln zu präsentieren, hat eine tiefere Bedeutung. In früheren Zeiten war die Kartoffel ein Symbol für **Fruchtbarkeit und Überfluss**, besonders in ländlichen Gegenden. Die süße Version der „Kartoffel" in Form von Marzipankugeln könnte also als ein symbolisches Geschenk angesehen werden, das Glück und Wohlstand bringen soll.

Trotz ihrer einfachen Zutaten haben Marzipankartoffeln in der deutschen Weihnachtskultur einen hohen Stellenwert und werden oft als Ausdruck von Liebe und Zuneigung verschenkt. In vielen Familien gehört es zur Tradition, jedes Jahr eigene Marzipankartoffeln herzustellen und sie an Freunde, Nachbarn oder Kollegen zu verschenken. Diese kleinen, unscheinbaren Leckereien tragen daher eine tiefe symbolische Bedeutung und erinnern an die traditionellen Werte des Teilens und Gebens in der Weihnachtszeit.

Marzipankartoffeln lassen sich problemlos mehrere Wochen lagern, ohne dass sie an Geschmack verlieren. Sie sind somit eine ideale Nascherei für die gesamte Adventszeit und darüber hinaus. Ob als kleines Geschenk oder einfach als süße Leckerei für zwischendurch – Marzipankartoffeln sind eine zeitlose Köstlichkeit, die in der Weihnachtszeit nicht fehlen darf.

6. Dezember

Spekulatius – Gewürzkekse

Zutaten:

- 300 g Mehl
- 150 g Zucker
- 100 g brauner Zucker
- 200 g Butter (zimmerwarm)
- 1 Ei
- 1 TL Zimt
- 1/2 TL gemahlener Kardamom
- 1/4 TL gemahlene Nelken
- 1 Prise Salz
- 1 TL Backpulver

Zubereitung:

Spekulatius gehören zu den ältesten und bekanntesten Weihnachtskeksen und zeichnen sich durch ihre feine, knusprige Textur und die charakteristischen Gewürze aus. Der Teig für diese Kekse ist eine aromatische Mischung aus Zimt, Kardamom und Nelken, die den Spekulatius ihren typischen weihnachtlichen Geschmack verleihen.

Zuerst wird die weiche Butter mit dem Zucker und dem braunen Zucker in einer großen Schüssel schaumig geschlagen, bis die Mischung hell und cremig ist. Das Ei wird hinzugefügt und gründlich untergerührt, um eine glatte Masse zu erhalten. In einer separaten Schüssel werden das Mehl, das Backpulver, das Salz sowie die Gewürze – Zimt, Kardamom und Nelken – miteinander vermischt.

Die trockenen Zutaten werden nach und nach zur Butter-Zucker-Mischung gegeben und vorsichtig untergehoben, bis ein glatter Teig entsteht. Der Teig sollte nun fest genug sein, um ihn ausrollen zu können. Wenn der Teig zu weich ist, kann er für etwa 30 Minuten im Kühlschrank ruhen, damit er sich leichter verarbeiten lässt.

Nach der Kühlzeit wird der Teig auf einer leicht bemehlten Arbeitsfläche etwa 3-5 mm dick ausgerollt. Das Besondere am Spekulatius ist nicht nur der würzige Geschmack, sondern auch die traditionellen Formen und Muster, die die Kekse zieren. Diese werden mit speziellen **Spekulatiusformen** hergestellt, die oft Szenen aus der Bibel, Motive des Nikolaus oder traditionelle Figuren aus der Weihnachtszeit zeigen. Die Formen sind tief genug, um ein klares Muster in den Teig zu drücken.

Um die charakteristischen Spekulatius-Kekse zu formen, wird der ausgerollte Teig in die Spekulatiusformen gedrückt. Überschüssiger Teig wird sorgfältig entfernt, und die geformten Kekse werden vorsichtig aus der Form gelöst und auf ein mit Backpapier belegtes Blech gelegt. Alternativ können auch Ausstechformen verwendet werden, um verschiedene weihnachtliche Motive zu gestalten.

Die Kekse werden im vorgeheizten Ofen bei 180°C für etwa 10-12 Minuten gebacken, bis sie goldbraun und knusprig sind. Wichtig ist, die Kekse genau im Auge zu behalten, da sie aufgrund ihrer dünnen Form schnell verbrennen können. Sobald sie eine leicht goldene Farbe angenommen haben, werden sie aus dem Ofen genommen und auf einem Gitter vollständig abgekühlt.

Kuriosität:
Spekulatius haben eine lange Geschichte, die bis in die **Regionen der Niederlande, Belgiens und Deutschlands** zurückreicht, insbesondere in den rheinischen Gebieten. Ursprünglich wurden sie traditionell zum Nikolaustag, am 6. Dezember, gebacken und verteilt. Die detailreichen Formen, die die Kekse zieren, haben oft religiöse oder kulturelle Motive. Besonders bekannt sind Darstellungen von **Nikolaus**, der in den Niederlanden und Belgien als Sinterklaas verehrt wird.

Der Name „Spekulatius" leitet sich wahrscheinlich von **„Speculator"**, dem lateinischen Wort für „Beobachter", ab, ein Titel, der dem Bischof Nikolaus gegeben wurde. Die kunstvollen Motive der Spekulatius-Kekse erzählen oft die Geschichte des heiligen Nikolaus und seiner Wohltaten, weshalb diese Kekse als eine Form der Erinnerung und Verehrung dienten. In vielen Regionen Deutschlands und der Niederlande waren diese Kekse daher nicht nur ein süßes Gebäck, sondern auch ein **symbolisches Geschenk**, das den Geist der Großzügigkeit und des Gebens in der Adventszeit verkörperte.

Spekulatius-Kekse sind heute in vielen Formen erhältlich, von den klassischen Mustern mit religiöser Symbolik bis hin zu einfachen Weihnachtsmotiven wie Sternen oder Tannenbäumen. Trotz der modernen Anpassungen bleibt der Grundcharakter dieser Kekse unverändert: Sie sind würzig, knusprig und tragen den unverwechselbaren Duft von Zimt und Gewürzen, der sie zu einem unverzichtbaren Bestandteil der Weihnachtszeit macht.

In einigen Regionen werden Spekulatius auch mit Mandeln verfeinert oder mit einer Schicht Zuckerguss überzogen, um ihnen eine zusätzliche Note zu verleihen. Besonders in Deutschland und den Niederlanden werden sie nicht nur zur Adventszeit, sondern auch das ganze Jahr über genossen, oft als Beilage zu einer Tasse Kaffee oder Tee. Ihre **knusprige Textur** und der intensive Gewürzgeschmack machen sie zu einem beliebten Begleiter bei festlichen Anlässen.

In der heutigen Zeit werden Spekulatius häufig auch als **Geschenk** verwendet, da sie sich gut verpacken und über lange Zeit frisch bleiben. Viele Menschen verbinden den Geschmack und das Aroma von Spekulatius mit **Kindheitserinnerungen** und familiären Traditionen, was sie zu einem nostalgischen und emotionalen Bestandteil der Weihnachtszeit macht.

7. Dezember

Pfeffernüsse – Gewürzkekse mit Pfeffer

Zutaten:

- 250 g Mehl
- 100 g Honig
- 50 g Zucker
- 1 TL weißer Pfeffer (gemahlen)
- 1 TL Zimt
- 1/2 TL gemahlene Muskatnuss
- 1/2 TL Kardamom
- 1/2 TL Ingwer (gemahlen)
- 1 TL Natron (Bikarbonat)
- 1 Ei
- 50 g Butter (geschmolzen)

Zubereitung:

Pfeffernüsse sind kleine, runde Gewürzkekse, die ihren besonderen Geschmack durch die Zugabe von gemahlenem Pfeffer und einer Mischung aus weihnachtlichen Gewürzen wie Zimt und Muskat erhalten. Diese Kombination aus süß und würzig macht die Pfeffernüsse zu einer interessanten Spezialität, die vor allem in den nördlichen Regionen Deutschlands während der Adventszeit sehr beliebt ist.

Um den Teig für die Pfeffernüsse zuzubereiten, wird zunächst der Honig in einem kleinen Topf bei niedriger Hitze erwärmt, bis er flüssig wird. Der Zucker wird hinzugefügt und unter Rühren aufgelöst. Sobald die Mischung leicht abgekühlt ist, wird sie in eine große Schüssel gegeben. Das Ei und die geschmolzene Butter werden hinzugefügt und gründlich untergerührt, bis die Masse eine gleichmäßige Konsistenz hat.

In einer separaten Schüssel werden das Mehl, das Natron und die Gewürze – Zimt, Muskatnuss, Kardamom, Ingwer und der gemahlene weiße Pfeffer – vermischt. Diese trockenen Zutaten werden nun nach und nach unter die Honig-Butter-Mischung gerührt, bis ein glatter, leicht klebriger Teig entsteht. Der Teig sollte fest genug sein, um ihn zu formen, aber nicht zu trocken, da die Pfeffernüsse sonst beim Backen zu hart werden könnten.

Nachdem der Teig fertiggestellt ist, wird er in kleine Portionen aufgeteilt und zu etwa walnussgroßen Kugeln geformt. Diese werden auf ein mit Backpapier belegtes Backblech gelegt, wobei darauf geachtet wird, dass genügend Abstand zwischen den Kugeln bleibt, da sie beim Backen leicht aufgehen. Die Kugeln müssen nicht flachgedrückt werden, da sie ihre Form während des Backens behalten.

Der Ofen wird auf 180°C vorgeheizt, und die Pfeffernüsse werden für etwa 12-15 Minuten gebacken, bis sie goldbraun sind. Die Kekse sollten außen knusprig, aber innen noch weich sein. Nach dem Backen werden die Pfeffernüsse aus dem Ofen genommen und auf einem Gitter vollständig abgekühlt. Optional können sie nach dem Abkühlen mit einer Puderzuckerglasur überzogen werden, was ihnen ein leicht süßes Finish verleiht und den würzigen Geschmack ausgleicht.

Kuriosität:
Die Pfeffernüsse haben ihren Namen von der ungewöhnlichen Zutat, die sie von vielen anderen Weihnachtskeksen unterscheidet: Pfeffer. Der Einsatz von Gewürzen wie Pfeffer in süßem Gebäck war in früheren Zeiten nicht ungewöhnlich, da exotische Gewürze als Luxus galten und zu besonderen Anlässen, wie dem Advent oder Weihnachten, verwendet wurden. Pfeffernüsse haben ihren Ursprung in den **norddeutschen** und **skandinavischen** Regionen, wo sie bis heute ein fester Bestandteil der weihnachtlichen Tradition sind.

Historisch gesehen waren Pfeffernüsse ein Symbol für den **Wohlstand** und den **Handel** mit exotischen Gewürzen. Im Mittelalter brachten Kaufleute aus dem Nahen Osten und Asien Gewürze nach Europa, und der Einsatz von Pfeffer und anderen kostbaren Gewürzen war ein Zeichen von Reichtum und Großzügigkeit. Besonders in der Weihnachtszeit, wenn das Geben und Teilen im Vordergrund stand, wurden Pfeffernüsse häufig als **Geschenk** an Freunde und Familie verteilt. Sie standen für Großzügigkeit und den Wunsch, Wohlstand und Wärme zu teilen.

In vielen Familien werden die Pfeffernüsse nach alten Rezepten gebacken, die über Generationen weitergegeben wurden. Dabei variieren die Gewürzmischungen leicht, aber das Prinzip bleibt gleich: Ein kleiner Keks, der durch seine würzige Note überrascht. Besonders der Einsatz von weißem Pfeffer gibt den Pfeffernüssen einen leichten „Kick", der den sonst süßen Geschmack wunderbar ergänzt.

Pfeffernüsse sind nicht nur in Deutschland, sondern auch in **Dänemark** und den **Niederlanden** sehr beliebt. In diesen Ländern werden sie oft als Teil des Nikolaustages am 6. Dezember gebacken und verschenkt. Ihre runde Form und die Gewürze machen sie zu einem perfekten Begleiter in der Adventszeit, und sie passen ideal zu einer Tasse Tee oder Glühwein.

Auch in der modernen Küche haben Pfeffernüsse ihren Platz behalten. Sie werden oft in dekorativen Dosen oder Schachteln verpackt und als **Weihnachtsgeschenk** weitergegeben. Ihre lange Haltbarkeit macht sie zu einem idealen Gebäck, das in den Wochen vor Weihnachten gebacken und bis zu den Feiertagen genossen werden kann.

Pfeffernüsse erinnern uns daran, dass Weihnachten nicht nur die Zeit des Gebens ist, sondern auch eine Zeit der besonderen **kulinarischen Erlebnisse**, bei denen Traditionen, Geschmack und Geschichte zu einem einzigartigen Genuss verschmelzen.

8. Dezember

Berliner Brot – Süßes Berliner Gebäck

Zutaten:

- 250 g Mehl

- 200 g Zucker

- 2 EL ungesüßter Kakao

- 100 g Butter (geschmolzen)

- 2 Eier

- 1 TL Zimt

- 1/2 TL Nelkenpulver

- 1/2 TL Muskatnuss

- 1 TL Backpulver

- 100 g gehackte Mandeln

- 100 g gehackte Haselnüsse

- 100 g Zartbitterschokolade
  (gerieben oder in Stückchen)

Zubereitung:

Berliner Brot ist ein traditionelles Weihnachtsgebäck, das seinen Namen zwar als „Brot" trägt, in Wirklichkeit jedoch eher wie ein knuspriger, reichhaltiger Keks oder Riegel ist. Es verbindet den intensiven Geschmack von Kakao und Gewürzen mit der knusprigen Textur von Mandeln und Haselnüssen.

Um das Berliner Brot zuzubereiten, beginnen wir mit dem Mischen der trockenen Zutaten. In einer großen Schüssel werden Mehl, Kakao, Backpulver, Zimt, Nelkenpulver und Muskatnuss gut vermischt. Diese Gewürze verleihen dem Gebäck seinen typischen weihnachtlichen Geschmack, der an die Aromen von Lebkuchen erinnert.

In einer anderen Schüssel werden die Eier zusammen mit dem Zucker aufgeschlagen, bis die Masse hell und schaumig ist. Anschließend wird die geschmolzene Butter langsam untergerührt. Sobald die flüssigen Zutaten gut miteinander vermengt sind, wird die Mehl-Kakao-Mischung nach und nach hinzugefügt, bis ein gleichmäßiger Teig entsteht.

Jetzt kommen die gehackten Mandeln, Haselnüsse und die geriebene Zartbitterschokolade dazu. Diese Zutaten sorgen für den besonderen Biss des Berliner Brots und verleihen ihm eine reichhaltige Textur. Der Teig sollte am Ende gut formbar sein, aber noch leicht klebrig, damit er beim Backen nicht austrocknet.

Der Teig wird auf ein mit Backpapier ausgelegtes Blech gegeben und zu einem rechteckigen, flachen Laib geformt. Die Höhe sollte etwa 1-2 cm betragen, damit das Berliner Brot gleichmäßig durchbacken kann. Der Teig wird nun bei 180°C im vorgeheizten Backofen für etwa 25-30 Minuten gebacken, bis er fest ist, aber innen noch eine weiche Konsistenz aufweist.

Sobald das Berliner Brot aus dem Ofen kommt, wird es noch warm in kleine rechteckige Stücke geschnitten. Diese Schritte müssen schnell durchgeführt werden, da der Teig beim Abkühlen hart wird und sich schwieriger schneiden lässt. Nach dem Schneiden wird das Berliner Brot auf einem Gitter vollständig abgekühlt. Die Ränder sollten knusprig sein, während das Innere weich und aromatisch bleibt.

Kuriosität:

Trotz des Namens „Brot" ist Berliner Brot in Wirklichkeit ein **Keks** oder ein **Gebäck**, das traditionell in der Weihnachtszeit genossen wird. Es stammt aus der deutschen Hauptstadt und ist eng mit der Weihnachtsbäckerei Berlins verbunden. Der Begriff „Brot" bezieht sich möglicherweise auf die rechteckige Form, die an Brotscheiben erinnert, aber das süße und würzige Gebäck hat wenig mit dem typischen Brot zu tun.

Berliner Brot ist aufgrund seiner intensiven Aromen und der Mischung aus Gewürzen und Kakao einzigartig. Es wurde traditionell in Berliner Familien gebacken und oft als Weihnachtsgeschenk an Freunde und Verwandte weitergegeben. Die Kombination aus Nüssen, Gewürzen und Schokolade macht es zu einem **reichhaltigen Genuss**, der perfekt zu einer Tasse Kaffee oder Tee passt.

Ein weiteres interessantes Detail ist, dass das Rezept für Berliner Brot in vielen Familien variiert. Einige Versionen enthalten zum Beispiel Rosinen oder getrocknete Früchte, während andere Rezepte zusätzlich Zuckerguss oder eine Glasur auf dem Gebäck verwenden. Doch die Basis bleibt immer gleich: ein dunkler, gewürzter Teig mit Nüssen und Schokolade.

Das Berliner Brot hat sich im Laufe der Jahre zu einem festen Bestandteil der deutschen Weihnachtsbäckerei entwickelt und ist heute in vielen Bäckereien und auf Weihnachtsmärkten in ganz Deutschland zu finden. Besonders in der Hauptstadt Berlin wird das Gebäck in den Wochen vor Weihnachten verkauft und oft mit weiteren traditionellen Weihnachtsplätzchen wie Spekulatius und Lebkuchen serviert.

Viele Berliner Familien pflegen bis heute die Tradition, Berliner Brot nach alten Familienrezepten zu backen. Es ist ein Gebäck, das nicht nur wegen seines Geschmacks geschätzt wird, sondern auch, weil es eine lange Geschichte und starke Verbindung zu weihnachtlichen Familientraditionen hat.

9. Dezember

Quarkstollen – Stollen mit Quark

Zutaten:

- 500 g Mehl
- 250 g Quark (mager)
- 150 g Butter
- 100 g Zucker
- 1 Päckchen Vanillezucker
- 1 Päckchen Backpulver
- 100 g Rosinen
- 50 g Zitronat (kandierte Zitronenschale)
- 50 g Orangeat (kandierte Orangenschale)
- 1 TL Zimt
- 1 TL Zitronenabrieb
- 1 Prise Salz
- Puderzucker zum Bestäuben

Zubereitung:

Der **Quarkstollen** ist eine moderne und leichtere Variante des traditionellen Christstollens. Die Zugabe von Quark verleiht dem Gebäck eine feuchtere, weichere Konsistenz und macht ihn insgesamt weniger schwer als den klassischen Stollen, der oft durch seinen hohen Butteranteil sehr gehaltvoll ist. Diese Variante des Stollens ist ideal für diejenigen, die eine leichtere Alternative suchen, ohne auf den charakteristischen Geschmack des traditionellen Weihnachtsgebäcks zu verzichten.

Die Zubereitung des Quarkstollens beginnt damit, dass die Butter in einer Schüssel mit dem Zucker und dem Vanillezucker cremig geschlagen wird. Sobald die Mischung schön luftig und hell ist, wird der Quark hinzugefügt. Es ist wichtig, dass der Quark gut untergerührt wird, damit er gleichmäßig im Teig verteilt ist. Anschließend werden der Zitronenabrieb und eine Prise Salz hinzugefügt, um dem Teig eine feine Zitrusnote zu verleihen.

In einer separaten Schüssel werden Mehl, Backpulver und Zimt vermischt. Diese trockenen Zutaten werden nach und nach unter die Quark-Butter-Mischung gehoben, bis ein weicher, geschmeidiger Teig entsteht. Sollte der Teig zu klebrig sein, kann zusätzlich etwas Mehl eingearbeitet werden, bis er die richtige Konsistenz erreicht.

Nun werden die Rosinen, das Zitronat und das Orangeat vorsichtig unter den Teig gehoben. Diese Zutaten sind typisch für den Stollen und sorgen für den fruchtigen Biss, der das Gebäck so besonders macht. Alternativ können auch andere getrocknete Früchte wie Aprikosen oder Cranberries verwendet werden, um dem Quarkstollen eine persönliche Note zu verleihen.

Sobald alle Zutaten eingearbeitet sind, wird der Teig auf einer bemehlten Arbeitsfläche zu einem länglichen Laib geformt. Typischerweise wird der Stollen leicht flachgedrückt und eine Seite über die andere geschlagen, um die typische Stollenform zu erhalten. Diese Form soll an das in Tücher gewickelte Christkind erinnern, was den traditionellen Bezug des Gebäcks zur Weihnachtszeit verdeutlicht.

Der geformte Quarkstollen wird auf ein mit Backpapier ausgelegtes Backblech gelegt und bei 180°C im vorgeheizten Ofen für etwa 50-60 Minuten gebacken. Es ist wichtig, den Stollen während des Backens im Auge zu behalten, damit er nicht zu dunkel wird. Die Oberfläche sollte eine goldbraune Farbe annehmen, während das Innere feucht und weich bleibt.

Sobald der Stollen aus dem Ofen kommt, wird er noch warm mit geschmolzener Butter bestrichen und großzügig mit Puderzucker bestäubt. Dieser Schritt sorgt nicht nur für den charakteristischen süßen Geschmack, sondern schützt den Stollen auch vor dem Austrocknen. Nach dem Abkühlen wird der Quarkstollen in Scheiben geschnitten und serviert.

Kuriosität:
Der Quarkstollen ist eine relativ neue Erfindung in der langen Tradition der deutschen Weihnachtsbäckerei. Er entstand als Antwort auf den Wunsch nach einer leichteren und schnelleren Version des klassischen Christstollens, der oft eine längere Vorbereitungs- und Ruhezeit benötigt. Durch die Verwendung von Quark kann der Stollen direkt nach dem Backen

verzehrt werden, ohne dass er, wie der traditionelle Christstollen, mehrere Tage durchziehen muss.

Obwohl der Quarkstollen als moderne Variante gilt, hat er sich mittlerweile zu einem festen Bestandteil der deutschen Weihnachtstradition entwickelt. Viele Familien bevorzugen diese leichtere Version, da sie weniger Butter enthält und insgesamt frischer schmeckt. Der Quark verleiht dem Gebäck eine besondere **Saftigkeit**, die den Stollen weich und luftig macht, ohne ihn zu schwer wirken zu lassen.

Der Name „Stollen" hat eine tiefere symbolische Bedeutung. Das längliche, gewickelte Brot erinnert an das in Tücher gewickelte Christkind, weshalb der Stollen oft als „Christbrot" bezeichnet wird. Diese Symbolik spiegelt sich auch im Quarkstollen wider, der trotz seiner modernen Zutaten die Tradition des Weihnachtsgebäcks aufrechterhält.

Viele Bäckereien und Familien haben im Laufe der Jahre eigene Varianten des Quarkstollens entwickelt, die sich in den Gewürzen oder den verwendeten Früchten unterscheiden. Einige fügen Marzipan oder Nüsse hinzu, um den Geschmack zu verfeinern, während andere den Stollen mit einer Glasur oder zusätzlichen Puderzuckerschichten verzieren.

Insgesamt ist der Quarkstollen eine wunderbare Alternative für alle, die den traditionellen Geschmack des Stollens lieben, aber eine leichtere, schnellere Version bevorzugen. Er ist besonders in der Vorweihnachtszeit ein beliebtes Gebäck und wird oft zu Kaffee oder Tee genossen.

10. Dezember

Springerle – Dekorierte Kekse

Zutaten:

- 500 g Mehl
- 4 Eier
- 500 g Puderzucker
- 2 EL Anissamen
- 1 TL Vanillezucker
- 1 TL Zitronenabrieb

Zubereitung:

Springerle sind dekorative, kunstvoll geprägte Kekse, die seit Jahrhunderten zur deutschen Weihnachtstradition gehören. Die Besonderheit dieser Kekse liegt in den geprägten Formen, die oft Szenen aus dem Alltag, religiöse Motive oder Glückssymbole darstellen. Diese detailreichen Motive werden mit speziellen Holzmodeln in den Teig gedrückt, was den Springerle ihr unverwechselbares Aussehen verleiht.

Um Springerle herzustellen, beginnen wir damit, die Eier in einer großen Schüssel schaumig zu schlagen. Es ist wichtig, dass die Eier genügend Luft einarbeiten, da dies die Struktur der Springerle leicht und luftig macht. Nach und nach wird der Puderzucker hinzugefügt, während die Mischung weiter geschlagen wird, bis sie eine dicke, cremige Konsistenz erreicht. Der Vanillezucker und der Zitronenabrieb werden hinzugefügt, um dem Teig eine feine, aromatische Note zu verleihen.

In einer separaten Schüssel wird das Mehl langsam in die Eier-Zucker-Mischung gesiebt, um einen gleichmäßigen, weichen Teig zu erhalten. Der Teig sollte geschmeidig und leicht zu verarbeiten sein, aber nicht zu klebrig. Falls nötig, kann noch etwas mehr Mehl hinzugefügt werden.

Der fertige Teig wird auf einer leicht bemehlten Arbeitsfläche ausgerollt. Die Dicke des Teigs sollte etwa 0,5 cm betragen, damit die geprägten Motive klar und deutlich sichtbar bleiben. An dieser Stelle kommen die traditionellen Springerle-Modeln zum Einsatz. Diese Holzmodeln sind oft handgeschnitzt und enthalten detaillierte Muster, die Szenen von Engeln, Tieren, religiösen Figuren oder Glückssymbolen darstellen. Mit dem Model wird der Teig fest gedrückt, um das Motiv zu prägen. Danach werden die geprägten Kekse vorsichtig ausgeschnitten.

Die geformten Springerle werden auf ein mit Anissamen bestreutes Backblech gelegt. Der Anis verleiht den Keksen ihren charakteristischen Geschmack und sorgt dafür, dass sie beim Backen leicht vom Blech zu lösen sind. Bevor die Springerle gebacken werden, müssen sie für mindestens 12 Stunden, idealerweise über Nacht, ruhen. Diese Ruhezeit ist entscheidend, damit die geprägten Motive während des Backens ihre Form behalten und nicht verlaufen.

Nach der Ruhezeit werden die Springerle bei niedriger Temperatur (etwa 120°C) für etwa 20-25 Minuten gebacken. Durch die langsame und schonende Backweise bleiben die detailreichen Muster erhalten, und die Kekse bekommen eine zarte, leicht gebräunte Oberfläche. Sie sollten dabei jedoch nicht zu stark bräunen, sondern eher ihre helle Farbe behalten.

Kuriosität:

Die Geschichte der Springerle reicht weit zurück und ist tief in der schwäbischen und alemannischen Weihnachtstradition verwurzelt. Bereits im 14. Jahrhundert wurden diese kunstvoll verzierten Kekse in süddeutschen Regionen gebacken. Der Name „Springerle" leitet sich möglicherweise von dem Begriff „springen" ab, da der Teig während des Backens leicht aufspringt und so seine typische, erhöhte Oberfläche erhält.

Die Holzmodeln, mit denen die Springerle geprägt werden, sind oft wahre Kunstwerke. Früher wurden sie von Hand geschnitzt und von Generation zu Generation weitergegeben. Jede Familie besaß ihre eigenen Modeln mit spezifischen Mustern, die oft religiöse oder symbolische Bedeutungen hatten. Typische Motive waren Engel, Szenen aus der Bibel, Herzen oder Glückssymbole wie Pferde und Blumen. In vielen Fällen wurden Springerle auch als **Glücksbringer** oder als **Segensgebäck** gebacken und zu besonderen Anlässen wie Hochzeiten oder Taufen verschenkt.

Ein weiteres interessantes Detail ist der Anis, der auf das Backblech gestreut wird, bevor die Kekse darauf gelegt werden. Anis hat nicht nur einen intensiven, leicht süßlichen Geschmack, sondern gilt in vielen Kulturen auch als Symbol für **Schutz und Wohlstand**. Dieser Brauch verleiht den Springerle eine zusätzliche, symbolische Bedeutung.

Springerle sind dafür bekannt, dass sie nach dem Backen hart sind und einige Tage ruhen müssen, bevor sie weich genug zum Verzehr sind. Viele Familien lagern die Springerle in gut verschlossenen Blechdosen, damit sie nach und nach ihre Konsistenz verändern und weicher werden. Diese lange Haltbarkeit macht die Springerle zu einem idealen Weihnachtsgebäck, das bereits in der Adventszeit gebacken und bis zu den Feiertagen genossen werden kann.

Obwohl Springerle heutzutage in ganz Deutschland bekannt sind, bleiben sie in den südlichen Regionen besonders beliebt. Ihre Herstellung erfordert Geduld und Präzision, doch das Ergebnis ist ein unvergleichlich schöner und schmackhafter Keks, der auf keinem traditionellen Weihnachtsteller fehlen darf. Die **kunstvolle Gestaltung** und die lange Tradition machen die Springerle zu einem Gebäck, das nicht nur den Gaumen erfreut, sondern auch das Auge und das Herz anspricht.

11. Dezember

Nussecken – Nussige Dreiecke

Zutaten:

- 300 g Mehl
- 150 g Butter (für den Teig)
- 200 g Zucker
- 1 Päckchen Vanillezucker
- 2 Eier
- 200 g Butter (für die Nussfüllung)
- 200 g gehackte Haselnüsse oder Walnüsse
- 200 g Zartbitterschokolade
- 100 g Aprikosenmarmelade

Zubereitung:

Nussecken sind ein klassisches deutsches Weihnachtsgebäck, das durch seine einfache Zubereitung und den nussigen Geschmack besticht. Diese Dreiecke aus knusprigem Mürbeteig, nussiger Karamellschicht und schokoladiger Umhüllung sind besonders zur Adventszeit sehr beliebt. Nussecken werden traditionell in Dreiecksform geschnitten und mit einer Schicht Zartbitterschokolade verziert, was ihnen ihre charakteristische Optik verleiht.

Für die Zubereitung wird zuerst der Mürbeteig hergestellt. Dazu werden das Mehl, der Zucker, der Vanillezucker und die 150 g Butter miteinander verknetet, bis eine krümelige Masse entsteht. Anschließend werden die Eier hinzugegeben, um den Teig geschmeidig zu machen. Der Teig wird gut durchgeknetet, bis er glatt und homogen ist. Sobald der Teig fertig ist, wird er zu einem Rechteck ausgerollt und auf ein mit Backpapier belegtes Backblech gelegt.

Die Aprikosenmarmelade wird gleichmäßig auf den ausgerollten Teig gestrichen. Die fruchtige Süße der Marmelade harmoniert perfekt mit der nussigen Schicht, die gleich darauf folgt.

Für die Nussfüllung werden die 200 g Butter in einem Topf geschmolzen und mit dem Zucker verrührt, bis die Mischung leicht karamellisiert. Die gehackten Haselnüsse oder Walnüsse werden hinzugefügt und gut mit der Butter-Zucker-Mischung vermengt. Diese klebrige, nussige Masse wird gleichmäßig auf dem mit Marmelade bestrichenen Mürbeteig verteilt und glattgestrichen.

Das Ganze wird im vorgeheizten Backofen bei 180°C für etwa 20-25 Minuten gebacken, bis die Nussmasse leicht goldbraun ist und der Mürbeteig knusprig wird. Nach dem Backen wird die gebackene Nussplatte aus dem Ofen genommen und leicht abgekühlt.

Der entscheidende Schritt bei der Herstellung von Nussecken ist das Schneiden. Die noch warme Nussplatte wird zuerst in quadratische Stücke geschnitten und diese dann diagonal zu Dreiecken weitergeteilt. Dieser Schritt erfordert ein scharfes Messer und etwas Geduld, da die Nussecken nicht zu sehr abkühlen sollten, um ein sauberes Schneiden zu ermöglichen.

Während die Nussecken weiter abkühlen, wird die Zartbitterschokolade im Wasserbad geschmolzen. Sobald die Dreiecke vollständig ausgekühlt sind, werden die Ecken der Nussecken in die geschmolzene Schokolade getaucht, was ihnen ihren typischen Look und eine köstliche Schokoladenschicht verleiht. Die Schokolade sollte fest werden, bevor die Nussecken in einer luftdichten Dose gelagert werden.

Kuriosität:
Nussecken sind ein beliebtes Gebäck in ganz Deutschland, vor allem zur Weihnachtszeit. Ihre einfache Herstellung und die Möglichkeit, verschiedene Nüsse oder Schokoladensorten zu verwenden, haben dazu geführt, dass es viele regionale Varianten dieses Gebäcks gibt. In einigen Regionen werden anstelle von Haselnüssen auch Walnüsse oder Mandeln verwendet, während in anderen Varianten die Nussecken zusätzlich mit Zuckerguss verziert werden.

Ursprünglich stammen Nussecken vermutlich aus Süddeutschland, haben sich jedoch schnell in ganz Deutschland verbreitet. In vielen Familien gibt es traditionelle Rezepte, die von Generation zu Generation weitergegeben werden. Einige Varianten enthalten auch zusätzliche Aromen wie Zimt oder Muskat, um dem Gebäck eine festliche Note zu verleihen.

Besonders in der Adventszeit sind Nussecken ein beliebtes Mitbringsel und werden oft auf Weihnachtstellern mit anderen Plätzchen und Gebäcksorten serviert. Ihre knackige Konsistenz und der nussige Geschmack, kombiniert mit der fruchtigen Marmelade und der Schokolade, machen sie zu einem perfekten Begleiter für Tee oder Kaffee.

Nussecken sind nicht nur lecker, sondern auch praktisch, da sie sich gut lagern lassen und mit der Zeit sogar noch an Geschmack gewinnen. Sie sind ein ideales Gebäck, das bereits einige Tage im Voraus zubereitet werden kann und bis zu den Feiertagen frisch bleibt.

12. Dezember

Dominosteine – Schokoladenpralinen

Zutaten:

- 200 g Marzipan
- 200 g Pan di Spagna (Biskuitteig)
- 100 g Aprikosenmarmelade
- 200 g Zartbitterschokolade
- 50 g Vollmilchschokolade
- 1 TL Rum oder Rum-Aroma (optional)

Zubereitung:

Dominosteine sind eine beliebte deutsche Weihnachtsspezialität, die aus mehreren Schichten besteht: Marzipan, fruchtige Marmelade und Pan di Spagna, alles umhüllt von einer dicken Schicht Schokolade. Diese kleinen Pralinen erinnern durch ihre Form an Dominosteine und sind ein fester Bestandteil der Weihnachtszeit in vielen deutschen Haushalten.

Die Zubereitung beginnt mit dem **Pan di Spagna**, der entweder selbst gebacken oder fertig gekauft werden kann. Falls du ihn selbst herstellen möchtest, wird ein einfacher Biskuitteig vorbereitet, indem Eier und Zucker schaumig geschlagen und anschließend das Mehl vorsichtig untergehoben wird. Der Teig wird in einer rechteckigen Form gebacken und vollständig abgekühlt.

Während der Pan di Spagna abkühlt, wird das **Marzipan** vorbereitet. Es wird gleichmäßig ausgerollt, sodass es die gleiche Größe wie der Biskuitboden hat. Falls das Marzipan zu klebrig ist, kann etwas Puderzucker verwendet werden, um das Ausrollen zu erleichtern.

Sobald der Pan di Spagna vollständig abgekühlt ist, wird die **Aprikosenmarmelade** darauf gestrichen. Die fruchtige Marmelade dient als Bindeglied zwischen den Schichten und verleiht den Dominosteinen ihre charakteristische süße Note, die gut mit der Schokolade harmoniert.

Wer möchte, kann der Marmelade auch einen kleinen Schuss Rum hinzufügen, um den Geschmack zu intensivieren.

Auf die Marmeladenschicht wird nun das ausgerollte Marzipan gelegt. Die drei Schichten – Biskuit, Marmelade und Marzipan – werden fest angedrückt, damit sie gut aneinander haften. Anschließend wird der Block in gleichmäßige Würfel geschnitten, die etwa 2 cm groß sein sollten. Diese kleinen Würfel bilden die Grundlage der Dominosteine.

Im nächsten Schritt wird die **Schokolade** vorbereitet. Sowohl die Zartbitterschokolade als auch die Vollmilchschokolade werden im Wasserbad geschmolzen, bis sie eine glatte, flüssige Konsistenz haben. Die Mischung aus dunkler und heller Schokolade sorgt für eine ausgewogene Süße und Bitterkeit, die perfekt zu den reichhaltigen Schichten der Dominosteine passt.

Jeder Würfel wird nun in die geschmolzene Schokolade getaucht, sodass alle Seiten vollständig bedeckt sind. Dafür eignet sich am besten eine Pralinengabel oder ein Zahnstocher, mit dem die Würfel durch die Schokolade gezogen werden. Nach dem Überziehen werden die Dominosteine auf ein mit Backpapier ausgelegtes Blech gelegt, um auszuhärten. Es ist wichtig, dass die Schokolade gleichmäßig verteilt ist und keine Lücken aufweist.

Sobald die Schokolade vollständig ausgehärtet ist, sind die Dominosteine bereit zum Servieren. Sie können in dekorativen Dosen oder Pralinenboxen aufbewahrt werden und sind ein ideales Geschenk für Freunde und Familie während der Weihnachtszeit.

Kuriosität:
Die Dominosteine wurden erstmals in den 1930er Jahren von einem Dresdner Konditor erfunden und sollten als günstige Alternative zu den teureren Pralinen dienen. Ihre mehrschichtige Struktur und der süße, fruchtige Geschmack machten sie jedoch schnell zu einem echten Weihnachtsklassiker. Besonders während des Zweiten Weltkriegs, als viele Zutaten knapp waren, wurden Dominosteine zu einem beliebten Ersatz für aufwendigere Süßwaren.

Ihr Name leitet sich von ihrer **Form** ab, die an Dominosteine erinnert. In vielen deutschen Familien sind Dominosteine ein fester Bestandteil der **Weihnachtsbäckerei** und dürfen auf keinem Adventsteller fehlen. Die Mischung aus weichem Marzipan, fruchtiger Marmelade und Schokolade macht sie zu einem unverwechselbaren Genuss.

Die traditionellen Dominosteine werden meist mit Aprikosen- oder Johannisbeermarmelade hergestellt, aber moderne Varianten können auch mit Orangenmarmelade oder anderen

Fruchtaufstrichen zubereitet werden. Auch die Art der Schokolade kann variieren, von Zartbitter über Vollmilch bis hin zu weißer Schokolade, je nach Geschmacksvorliebe.

Heute gibt es Dominosteine in vielen Varianten in den Supermärkten, aber die selbstgemachten Versionen, die individuell mit den liebsten Zutaten zubereitet werden können, bleiben ein besonderes Highlight der Weihnachtsbäckerei. Ihre lange Haltbarkeit macht sie zu einem perfekten Weihnachtsgebäck, das bereits im Voraus zubereitet werden kann und bis zu den Feiertagen frisch bleibt.

Dominosteine verkörpern nicht nur den süßen Geschmack der Weihnachtszeit, sondern auch die **Vielfalt** und Kreativität, die hinter der deutschen Weihnachtstradition steckt.

13. Dezember

Schokoladenbrot – Schokoladenhaltiges Gebäck

Zutaten:

- 300 g Mehl
- 200 g Zucker
- 150 g Butter
- 150 g Zartbitterschokolade
- 3 Eier
- 1 Päckchen Vanillezucker
- 1 TL Backpulver
- 1 Prise Salz
- 50 ml Milch (optional, je nach Teigkonsistenz)

Zubereitung:

Das **Schokoladenbrot** ist ein beliebtes Weihnachtsgebäck, das vor allem bei Kindern hoch im Kurs steht. Es handelt sich dabei um ein schokoladiges Gebäck, das leicht und locker ist, aber dennoch die Konsistenz und Dichte eines Brotes hat. Es vereint den reichen Geschmack von Schokolade mit der Zartheit eines Kuchenbrotes und ist perfekt für die Adventszeit.

Zunächst wird die **Schokolade** in kleine Stücke gehackt und zusammen mit der Butter im Wasserbad langsam geschmolzen. Es ist wichtig, die Schokolade bei niedriger Hitze zu schmelzen, damit sie ihre glänzende Konsistenz behält und nicht anbrennt. Sobald Butter und Schokolade eine homogene Masse bilden, wird diese etwas abgekühlt.

In einer separaten Schüssel werden die Eier zusammen mit dem Zucker und dem Vanillezucker schaumig geschlagen. Dieser Schritt sorgt dafür, dass das Schokoladenbrot später eine lockere

Konsistenz erhält. Anschließend wird die abgekühlte Schokoladen-Butter-Mischung vorsichtig unter die Eimasse gehoben, bis sich alles gut vermischt hat.

In einer weiteren Schüssel werden das Mehl, das Backpulver und das Salz miteinander vermengt. Diese trockenen Zutaten werden nun nach und nach in die flüssige Schokoladenmischung gesiebt und vorsichtig untergerührt, bis ein glatter Teig entsteht. Sollte der Teig zu fest sein, kann etwas Milch hinzugefügt werden, um die Konsistenz zu lockern.

Sobald der Teig fertig ist, wird er in eine gefettete Kastenform oder eine runde Backform gegeben und glattgestrichen. Das Schokoladenbrot wird nun im vorgeheizten Backofen bei 180°C für etwa 30-40 Minuten gebacken. Es sollte leicht aufgehen und eine goldbraune Kruste entwickeln, während das Innere weich und saftig bleibt.

Nach dem Backen wird das Schokoladenbrot aus dem Ofen genommen und in der Form für einige Minuten abgekühlt. Danach wird es vorsichtig auf ein Kuchengitter gestürzt, um vollständig auszukühlen. Optional kann das Brot nach dem Abkühlen mit einer **Schokoladenglasur** überzogen oder mit Puderzucker bestäubt werden, um ihm ein festliches Aussehen zu verleihen.

Kuriosität:
Das Schokoladenbrot ist ein fester Bestandteil der deutschen Weihnachtsbäckerei und wird oft in größeren Mengen gebacken, um es während der gesamten Adventszeit zu genießen. Obwohl es den Namen „Brot" trägt, hat es mehr Ähnlichkeiten mit einem Kuchen und wird gerne zum Nachmittagskaffee oder Tee serviert. Besonders bei Kindern ist dieses Gebäck aufgrund seines intensiven Schokoladengeschmacks beliebt.

Die Ursprünge des Schokoladenbrots sind schwer festzulegen, doch es gibt Hinweise darauf, dass es in verschiedenen deutschen Regionen seit dem 19. Jahrhundert gebacken wird. In vielen Familien gehört es zur festen Tradition, Schokoladenbrot in der Vorweihnachtszeit zu backen. Es ist nicht nur schnell und einfach zuzubereiten, sondern lässt sich auch gut aufbewahren und bleibt über mehrere Tage frisch.

In einigen Rezeptvariationen wird zusätzlich gehackte Schokolade oder Schokoladenstückchen direkt in den Teig gegeben, was dem Schokoladenbrot eine noch intensivere Note verleiht. Andere Versionen fügen Nüsse, Rosinen oder getrocknete Früchte hinzu, um das Gebäck weiter zu verfeinern.

In der deutschen Weihnachtsbäckerei gibt es viele süße Kreationen, doch das Schokoladenbrot ist aufgrund seiner einfachen Zubereitung und seines reichen Geschmacks ein Favorit bei vielen

Familien. Es eignet sich hervorragend als kleines Geschenk oder als Teil eines weihnachtlichen Dessertbuffets und ist eine wunderbare Möglichkeit, die Schokolade in den Mittelpunkt eines festlichen Gebäcks zu stellen.

14. Dezember

Haselnussmakronen – Nussige Macarons

Zutaten:

- 200 g gemahlene Haselnüsse
- 3 Eiweiße
- 150 g Zucker
- 1 Päckchen Vanillezucker
- 1 Prise Salz

Zubereitung:

Haselnussmakronen sind ein klassisches Weihnachtsgebäck, das durch seine Einfachheit und den intensiven Nussgeschmack überzeugt. Diese kleinen, luftigen Leckerbissen haben eine zarte Kruste und ein weiches Inneres, das auf der Zunge zergeht. Sie sind perfekt für die Adventszeit und gehören auf jeden Plätzchenteller.

Die Zubereitung der Haselnussmakronen beginnt mit dem Trennen der **Eier**. Die Eiweiße werden in eine saubere Schüssel gegeben, und eine Prise Salz wird hinzugefügt, um das Aufschlagen zu erleichtern. Mit einem Handmixer oder Schneebesen werden die Eiweiße zu einem festen Eischnee geschlagen. Sobald der Eischnee beginnt, fest zu werden, wird der Zucker langsam hinzugefügt. Der Zucker verleiht den Makronen ihre Süße und sorgt dafür, dass sie beim Backen ihre Form behalten. Der Eischnee sollte so lange geschlagen werden, bis er glänzend ist und steife Spitzen bildet.

Nachdem der Eischnee die richtige Konsistenz erreicht hat, wird der **Vanillezucker** hinzugefügt, der für eine leichte Vanillenote sorgt. Dann werden die gemahlenen Haselnüsse vorsichtig unter den Eischnee gehoben. Dieser Schritt sollte langsam und behutsam erfolgen, um die Luftigkeit des Eischnees nicht zu zerstören. Die Mischung aus Haselnüssen und Eischnee ergibt einen dickflüssigen Teig, der später zu kleinen Makronen geformt wird.

Mit Hilfe eines Teelöffels werden kleine Häufchen der Masse auf ein mit Backpapier ausgelegtes Backblech gesetzt. Es ist wichtig, genügend Abstand zwischen den Makronen zu lassen, da sie beim Backen leicht aufgehen können. Für eine gleichmäßige Form kann die Makronenmasse auch in einen Spritzbeutel gegeben und in kleinen Kreisen auf das Blech gespritzt werden.

Die Haselnussmakronen werden im vorgeheizten Backofen bei etwa 150°C für 15-20 Minuten gebacken. Während des Backens sollten sie eine leicht goldbraune Farbe annehmen und eine knusprige Kruste entwickeln, während das Innere weich bleibt. Es ist wichtig, die Makronen nicht zu lange zu backen, damit sie nicht austrocknen und ihre zarte Konsistenz behalten.

Sobald die Makronen fertig gebacken sind, werden sie aus dem Ofen genommen und zum Abkühlen auf ein Gitter gelegt. Nach dem Abkühlen können sie sofort serviert oder in einer luftdichten Dose aufbewahrt werden. Haselnussmakronen sind mehrere Tage haltbar und eignen sich daher perfekt für die Vorratshaltung in der Weihnachtszeit.

Kuriosität:
Die Tradition der Makronen reicht bis ins 16. Jahrhundert zurück, wo sie erstmals in Klöstern gebacken wurden. Ursprünglich wurden sie aus Mandeln hergestellt, doch im Laufe der Zeit entwickelten sich zahlreiche Varianten, darunter auch die beliebte Haselnussversion. In Deutschland gehören Haselnussmakronen seit vielen Generationen zu den klassischen Weihnachtsplätzchen.

Diese kleinen Köstlichkeiten sind nicht nur aufgrund ihres Geschmacks beliebt, sondern auch wegen ihrer einfachen Zubereitung. Sie benötigen nur wenige Zutaten und können in kurzer Zeit hergestellt werden, was sie zu einem idealen Gebäck für die hektische Vorweihnachtszeit macht.

Die nussige Note der Haselnussmakronen harmoniert wunderbar mit anderen weihnachtlichen Aromen wie Zimt, Schokolade oder Marzipan, weshalb sie oft mit einer Schokoladenglasur oder sogar gehackten Nüssen verziert werden. Einige Versionen enthalten auch Kokosflocken oder Mandeln, um den Geschmack zu variieren.

In vielen deutschen Familien werden die Haselnussmakronen traditionell gemeinsam mit den Kindern gebacken. Sie sind aufgrund ihrer weichen Konsistenz auch bei den Kleinsten sehr beliebt. Ihre einfache, aber dennoch raffinierte Zusammensetzung macht sie zu einem festen Bestandteil auf jedem Weihnachtsteller und sorgt für nostalgische Erinnerungen an gemütliche Adventssonntage und den Duft von frisch gebackenen Plätzchen.

Ob als süßer Snack zwischendurch, als Geschenk oder als Dessert nach einem festlichen Essen – Haselnussmakronen sind ein echtes Highlight der Weihnachtszeit und bringen mit ihrem unverwechselbaren Geschmack und der zarten Textur ein Stück Weihnachtszauber in jedes Zuhause.

15. Dezember

Bethmännchen – Kleine Mandeldesserts

Zutaten:

- 200 g Marzipan
- 100 g gemahlene Mandeln
- 50 g Zucker
- 1 Eiweiß
- 30 ganze Mandeln (halbiert, zum Dekorieren)
- 1 TL Rosenwasser (optional)

Zubereitung:

Bethmännchen sind kleine, süße Marzipankugeln, die traditionell zur Weihnachtszeit in Frankfurt und Umgebung zubereitet werden. Diese köstlichen Leckerbissen bestehen hauptsächlich aus Marzipan und Mandeln und haben eine lange Tradition, die bis ins 19. Jahrhundert zurückreicht. Sie sind einfach zuzubereiten und bestechen durch ihren feinen Mandelgeschmack und ihre elegante Dekoration mit drei ganzen Mandeln.

Die Zubereitung beginnt mit dem **Marzipan**, das in kleine Stücke zerbröckelt und zusammen mit den gemahlenen Mandeln und dem Zucker in eine Schüssel gegeben wird. Für zusätzlichen Geschmack kann auch ein Hauch Rosenwasser hinzugefügt werden, was den Bethmännchen eine feine, florale Note verleiht. Diese Mischung wird gründlich verknetet, bis ein homogener Teig entsteht. Das Eiweiß wird leicht geschlagen und der Marzipanteig wird damit vermengt, um ihm eine geschmeidige Konsistenz zu verleihen.

Sobald der Teig gut vermischt ist, wird er in kleine Portionen geteilt. Jede Portion wird zu einer kleinen Kugel geformt – die klassischen **Bethmännchen** haben einen Durchmesser von etwa 2 cm. Um die typische Form zu erhalten, sollte darauf geachtet werden, dass die Kugeln gleichmäßig und glatt sind.

Als nächstes wird jede Marzipankugel mit **Mandelhälften** dekoriert. Traditionell werden drei Mandeln pro Bethmännchen verwendet, die gleichmäßig an den Seiten der Kugel angebracht werden. Es wird gesagt, dass die drei Mandeln ursprünglich die drei Söhne der Familie Bethmann symbolisierten, nach der das Gebäck benannt ist. Wenn die Mandeln an Ort und Stelle sind, werden die Bethmännchen auf ein mit Backpapier ausgelegtes Backblech gesetzt.

Der Backofen wird auf etwa 150°C vorgeheizt, und die Bethmännchen werden für 15-20 Minuten gebacken, bis sie leicht goldbraun sind. Während des Backens entwickeln sie eine zarte Kruste, bleiben aber innen weich und saftig. Wichtig ist, dass sie nicht zu lange im Ofen bleiben, um zu vermeiden, dass sie austrocknen.

Nach dem Backen werden die Bethmännchen aus dem Ofen genommen und zum Abkühlen auf einem Gitter ausgelegt. Sie sind besonders lecker, wenn sie leicht warm serviert werden, können aber auch in einer luftdichten Dose aufbewahrt und über mehrere Tage hinweg genossen werden. Sie eignen sich auch hervorragend als kleines Geschenk oder Mitbringsel in der Adventszeit.

Kuriosität:
Die Geschichte der Bethmännchen ist eng mit der **Familie Bethmann** aus Frankfurt verknüpft. Diese wohlhabende Familie beauftragte im 19. Jahrhundert ihren Hauskoch, ein spezielles Gebäck zu kreieren, das sie ihren Gästen servieren konnten. Der Name "Bethmännchen" leitet sich direkt von dieser Familie ab, die zur damaligen Zeit eine bedeutende Rolle im Frankfurter Gesellschaftsleben spielte.

Ursprünglich wurden die Bethmännchen mit vier Mandeln dekoriert, die die vier Söhne der Familie symbolisierten. Nachdem jedoch einer der Söhne frühzeitig verstarb, wurde die Zahl der Mandeln auf drei reduziert – eine Tradition, die bis heute beibehalten wird. Diese kleine, symbolträchtige Veränderung ist Teil der Legende, die das Gebäck umgibt, und macht es zu einem wichtigen Teil der Frankfurter Weihnachtskultur.

Bethmännchen sind nicht nur in Frankfurt, sondern in ganz Deutschland zu einem festen Bestandteil der **Weihnachtsbäckerei** geworden. Ihr feiner Geschmack und die elegante Präsentation machen sie zu einem beliebten Festtagsgebäck, das sowohl jung als auch alt begeistert. In vielen Familien werden sie traditionell gemeinsam gebacken und verköstigt, und oft finden sich auch kleine Variationen des Grundrezepts, wie zum Beispiel die Zugabe von Rum oder das Bestäuben mit Puderzucker nach dem Backen.

Ihre einfache, aber dennoch besondere Zubereitung und ihre enge Verbindung zur Geschichte und Kultur Frankfurts machen Bethmännchen zu einem unverzichtbaren Bestandteil der deutschen Weihnachtsbacktradition. Sie sind ein Symbol für Gastfreundschaft, Familientradition und die Freude an kleinen, handgemachten Köstlichkeiten während der festlichen Jahreszeit.

16. Dezember

Heidesand – Sandige Kekse

Zutaten:

- 250 g Butter
- 100 g Zucker
- 1 Päckchen Vanillezucker
- 300 g Mehl
- 1 Prise Salz
- Optional: Etwas Zucker zum Bestreuen

Zubereitung:

Heidesand ist ein klassisches deutsches Weihnachtsgebäck, das durch seine einzigartige Konsistenz besticht. Der Name „Heidesand" leitet sich von der sandigen Textur ab, die diese zarten Kekse beim Verzehr auf der Zunge hinterlassen. Ursprünglich stammt das Rezept aus der Region **Lüneburger Heide** und wird dort seit Generationen zur Weihnachtszeit gebacken.

Die Zubereitung beginnt damit, dass die Butter in einem kleinen Topf geschmolzen wird. Dieser Schritt ist entscheidend, da das Schmelzen der Butter den Keksen später ihre besonders mürbe und zarte Konsistenz verleiht. Nachdem die Butter vollständig geschmolzen ist, wird sie abgekühlt, bis sie wieder fest wird, aber noch weich genug, um sie zu verarbeiten. Diesen Vorgang nennt man **Butterschmelzen**, und er ist charakteristisch für das Heidesand-Rezept.

In einer Schüssel werden der Zucker, der Vanillezucker und eine Prise Salz mit der abgekühlten Butter verrührt, bis eine cremige Masse entsteht. Der Duft von Vanille verbreitet sofort eine weihnachtliche Atmosphäre in der Küche. Anschließend wird das Mehl nach und nach unter die Butter-Zucker-Mischung gesiebt. Dies sorgt dafür, dass der Teig besonders fein und glatt wird.

Nachdem alle Zutaten vermengt sind, entsteht ein weicher, leicht klebriger Teig. Dieser Teig wird zu einer dicken Rolle geformt, die etwa einen Durchmesser von 4-5 cm haben sollte. Um die Form zu behalten und das Schneiden später zu erleichtern, wird die Teigrolle in Frischhaltefolie eingewickelt und für mindestens eine Stunde in den Kühlschrank gelegt. Durch das Kühlen wird der Teig fest, was das spätere Schneiden der Kekse einfacher macht.

Nachdem der Teig ausreichend gekühlt wurde, wird die Rolle aus dem Kühlschrank genommen und in etwa 0,5 cm dicke Scheiben geschnitten. Jede Scheibe sollte gleichmäßig und glatt sein, um beim Backen eine schöne Form zu behalten. Optional können die Ränder der Scheiben in Zucker gewälzt werden, um den Keksen eine extra knusprige und süße Kruste zu verleihen.

Die Teigscheiben werden auf ein mit Backpapier ausgelegtes Backblech gelegt und im vorgeheizten Backofen bei 160°C (Umluft) etwa 12-15 Minuten gebacken. Die Heidesand-Kekse sollten leicht goldbraun, aber nicht zu dunkel werden, um ihre zarte Konsistenz zu bewahren. Nach dem Backen werden die Kekse auf einem Gitter vollständig abgekühlt.

Kuriosität:

Heidesand ist nicht nur aufgrund seines Geschmacks, sondern auch wegen seiner **Geschichte** beliebt. Ursprünglich wurde dieses Gebäck in der Region Lüneburger Heide entwickelt, einer Landschaft im Norden Deutschlands, die für ihre weiten Heideflächen und ihre bäuerlichen Traditionen bekannt ist. Der Name „Heidesand" bezieht sich auf die krümelige, „sandige" Textur der Kekse, die durch das spezielle Verfahren des Butterschmelzens entsteht.

Dieses Gebäck hat sich im Laufe der Jahre zu einem **Klassiker** der deutschen Weihnachtsbäckerei entwickelt und findet sich in vielen Haushalten während der Adventszeit. Heidesand-Kekse sind besonders beliebt, weil sie mit wenigen Zutaten auskommen und dennoch einen feinen, buttrigen Geschmack bieten, der an den traditionellen Butterkeks erinnert – allerdings in einer zarteren und mürberen Variante.

In vielen Familien werden diese Kekse in großen Mengen gebacken, da sie sich hervorragend aufbewahren lassen und über mehrere Wochen hinweg frisch bleiben. Aufgrund ihrer schlichten Zutaten und ihres delikaten Geschmacks sind sie bei Groß und Klein gleichermaßen beliebt und eignen sich sowohl als Nascherei für zwischendurch als auch als festliches Geschenk in der Adventszeit.

Die einfache Zubereitung und die lange Haltbarkeit machen Heidesand zu einem idealen Weihnachtsgebäck, das auch ohne aufwendige Dekoration oder Füllungen durch seine **Qualität** überzeugt. Manchmal werden die Kekse nach dem Backen mit Puderzucker bestäubt oder mit Schokolade glasiert, um ihnen eine zusätzliche festliche Note zu verleihen, aber auch in ihrer klassischen Form sind sie ein Genuss, der in der Vorweihnachtszeit nicht fehlen darf.

17. Dezember

Elisenlebkuchen – Lebkuchen ohne Mehl

Zutaten:

- 200 g gemahlene Mandeln
- 200 g gemahlene Haselnüsse
- 150 g Zucker
- 100 g Honig
- 4 Eier
- 1 TL Zimt
- 1/2 TL Nelkenpulver
- 1/2 TL Muskatnuss
- 1/2 TL Kardamom
- 100 g kandierte Orangenschalen
- 100 g kandierte Zitronenschalen
- Oblaten (Backoblaten, etwa 70 mm Durchmesser)
- Optionale Glasur: Schokolade oder Zuckerglasur

Zubereitung:

Die **Elisenlebkuchen** gehören zu den edelsten und traditionsreichsten Varianten des Lebkuchens und stammen aus der Region **Nürnberg**, wo sie insbesondere zur Weihnachtszeit eine lange Tradition haben. Diese Lebkuchen sind besonders aromatisch, da sie ohne Mehl auskommen und hauptsächlich auf einer Basis aus gemahlenen Mandeln und Haselnüssen bestehen, was ihnen eine besonders zarte Konsistenz verleiht.

Für die Zubereitung wird zunächst der **Teig** vorbereitet. In einer großen Schüssel werden die gemahlenen Mandeln und Haselnüsse mit Zucker, Honig, Zimt, Nelkenpulver, Muskatnuss und Kardamom vermischt. Die Mischung wird sorgfältig durchgerührt, um sicherzustellen, dass sich die Gewürze gleichmäßig verteilen und ihre Aromen optimal entfalten können. Diese Gewürzmischung verleiht den Elisenlebkuchen ihren typischen weihnachtlichen Geschmack, der an die jahrhundertealte Tradition des Lebkuchenbackens erinnert.

Die kandierten **Orangen- und Zitronenschalen** werden fein gehackt und anschließend unter den Teig gemischt. Sie bringen eine fruchtige Note in die Lebkuchen und geben ihnen zusätzlich Struktur und Aroma. Schließlich werden die Eier hinzugegeben, die dem Teig Bindung und Feuchtigkeit verleihen. Alles wird zu einer gleichmäßigen Masse verrührt, die eine dicke, teigartige Konsistenz haben sollte.

Als nächstes werden **Oblaten** (Backoblaten) auf ein mit Backpapier ausgelegtes Backblech gelegt. Mit Hilfe eines Löffels wird der Teig auf die Oblaten gegeben und glattgestrichen, sodass die Oblate gleichmäßig bedeckt ist. Die Dicke der Lebkuchen sollte etwa 1 cm betragen, damit sie beim Backen ihre typische weiche Konsistenz behalten. Der Teig wird so verteilt, dass runde, flache Lebkuchen entstehen.

Die Elisenlebkuchen werden im vorgeheizten Backofen bei 160°C etwa 15-20 Minuten gebacken, bis sie leicht goldbraun sind. Es ist wichtig, sie nicht zu lange zu backen, da sie sonst trocken werden könnten. Die Lebkuchen sollten nach dem Backen außen eine leichte Kruste haben, während sie innen saftig und weich bleiben.

Nach dem Backen können die Lebkuchen nach Belieben mit einer **Schokoladenglasur** oder **Zuckerglasur** überzogen werden. Die Glasur sorgt für zusätzlichen Geschmack und eine festliche Optik. Besonders beliebt ist die Schokoladenglasur, die wunderbar mit den Nüssen und Gewürzen harmoniert. Für die Glasur wird dunkle Schokolade im Wasserbad geschmolzen und dann mit einem Pinsel gleichmäßig auf die Lebkuchen aufgetragen. Alternativ kann eine Zuckerglasur aus Puderzucker und etwas Wasser oder Zitronensaft angerührt und auf die Lebkuchen gestrichen werden.

Kuriosität:
Die Geschichte der Elisenlebkuchen ist eng mit der Stadt **Nürnberg** verbunden, die seit dem Mittelalter für ihre Lebkuchen bekannt ist. Der Name "Elisenlebkuchen" geht der Legende nach auf die Tochter eines Nürnberger Lebküchners zurück, die den Namen **Elise** trug. Ihr Vater soll diese besonders feinen Lebkuchen zu Ehren seiner Tochter entwickelt haben, weshalb sie noch heute als die edelste und hochwertigste Form des Lebkuchens gelten.

Im Gegensatz zu vielen anderen Lebkuchensorten wird für die Elisenlebkuchen **kein Mehl** verwendet, was sie besonders zart und saftig macht. Die Verwendung von hochwertigen Mandeln und Haselnüssen anstelle von Mehl war früher ein Zeichen von Wohlstand und Luxus, da diese Zutaten deutlich teurer waren. Noch heute gelten Elisenlebkuchen als eine der besten und beliebtesten Lebkuchenvarianten in Deutschland.

In der Vorweihnachtszeit sind sie auf fast jedem **Weihnachtsmarkt** in Nürnberg und in vielen anderen Städten Deutschlands zu finden. Sie werden traditionell in runden Metalldosen aufbewahrt, um ihre Frische zu bewahren, und eignen sich auch hervorragend als Geschenk. Ihre edlen Zutaten und der intensive Geschmack machen sie zu einem Highlight auf jedem weihnachtlichen Plätzchenteller.

Durch ihre lange Haltbarkeit und ihr reiches Aroma gehören die Elisenlebkuchen zu den Klassikern der deutschen **Weihnachtsbäckerei**, die auch heute noch nach alten Familienrezepten gebacken und in vielen Haushalten von Generation zu Generation weitergegeben werden.

18. Dezember

Kletzenbrot – Brot mit getrockneten Früchten

Zutaten:

- 500 g Roggenmehl
- 200 g getrocknete Feigen (Kletzen)
- 150 g Walnüsse
- 150 g Rosinen
- 100 g getrocknete Birnen
- 1 TL Zimt
- 1/2 TL Nelkenpulver
- 1/2 TL Muskatnuss
- 1 Päckchen Trockenhefe
- 1 TL Salz
- 2 EL Honig
- 250 ml lauwarmes Wasser

Zubereitung:

Das **Kletzenbrot** ist ein traditionelles Weihnachtsbrot, das vor allem in den alpinen Regionen Deutschlands und Österreichs zur Adventszeit gebacken wird. Es zeichnet sich durch seine reichhaltige Füllung aus getrockneten Früchten und Nüssen aus, die zusammen mit den winterlichen Gewürzen für einen intensiven, süßen Geschmack sorgen.

Um das Brot vorzubereiten, werden zunächst die getrockneten Feigen, auch **Kletzen** genannt, und die getrockneten Birnen in kleine Stücke geschnitten. Diese getrockneten Früchte bilden die Basis für die Füllung des Kletzenbrots und sind ein traditioneller Bestandteil dieses Rezepts. In einer großen Schüssel werden die getrockneten Früchte, Rosinen und gehackten Walnüsse miteinander vermischt. Das Zimt, Nelkenpulver und Muskatnuss werden hinzugefügt, um den Früchten einen würzigen und weihnachtlichen Geschmack zu verleihen.

In einer zweiten Schüssel wird das **Roggenmehl** mit der Trockenhefe und dem Salz vermengt. Das lauwarme Wasser und der Honig werden nach und nach hinzugefügt, und der Teig wird zu einer glatten Masse verknetet. Der Honig sorgt für eine leichte Süße im Brotteig und unterstützt den Gärprozess der Hefe. Der Teig sollte gut durchgeknetet werden, bis er geschmeidig und elastisch ist.

Nachdem der Teig geknetet wurde, wird er zu einer Kugel geformt und mit einem feuchten Tuch abgedeckt, damit er an einem warmen Ort etwa 30-60 Minuten ruhen kann, bis er sein Volumen verdoppelt hat. Während dieser Gehzeit entwickelt der Teig die nötige Struktur, um die Füllung der Früchte und Nüsse gut zu tragen.

Sobald der Teig aufgegangen ist, wird er ausgerollt und die Frucht-Nuss-Mischung wird gleichmäßig darauf verteilt. Anschließend wird der Teig vorsichtig zusammengerollt, sodass die Füllung gut eingeschlossen ist. Die Teigrolle wird zu einem Laib geformt und auf ein mit Backpapier ausgelegtes Blech gelegt. Der Laib sollte noch einmal für etwa 30 Minuten ruhen, damit er weiter aufgehen kann.

Der Kletzenbrot-Laib wird im vorgeheizten Backofen bei 180°C etwa 50-60 Minuten gebacken, bis die Kruste schön braun und knusprig ist. Während des Backens entwickelt das Brot einen wunderbaren Duft nach Gewürzen und süßen Früchten, der an die Vorfreude auf Weihnachten erinnert. Nach dem Backen sollte das Brot vollständig abkühlen, bevor es angeschnitten wird. Dies ermöglicht es, dass sich die Aromen vollständig entfalten und das Brot eine feste, aber saftige Konsistenz erhält.

Kuriosität:
Das Kletzenbrot hat eine lange Tradition in den **alpinen Regionen** und wird besonders während der Adventszeit und an Heiligabend serviert. Die Bezeichnung „Kletzen" stammt aus dem österreichischen und süddeutschen Sprachraum und bedeutet getrocknete Birnen oder Feigen. Diese getrockneten Früchte waren früher in den kalten Wintermonaten eine wichtige Vitaminquelle, weshalb sie häufig in traditionellen Winterrezepten Verwendung fanden.

Früher war das Kletzenbrot ein **Symbol der Fruchtbarkeit und des Wohlstands.** Es wurde in großen Mengen gebacken und häufig zu besonderen Anlässen verschenkt. In einigen Regionen wird es auch heute noch als **Geschenk** überreicht, um den Empfängern Glück und Wohlstand zu wünschen. Besonders in bäuerlichen Familien wurde das Kletzenbrot oft mit viel Hingabe und nach überlieferten Rezepten gebacken, um die Weihnachtszeit feierlich zu begehen.

Durch die Verwendung von Roggenmehl und einer reichhaltigen Füllung aus Früchten und Nüssen unterscheidet sich das Kletzenbrot von anderen süßen Weihnachtsbroten, wie etwa dem Christstollen. Es hat eine festere Konsistenz und einen intensiveren Geschmack, der durch die Kombination von Gewürzen und Trockenfrüchten entsteht.

In vielen Haushalten wird das Kletzenbrot traditionell am **Heiligen Abend** serviert, oft begleitet von einer Tasse Tee oder Glühwein. Es lässt sich hervorragend im Voraus zubereiten, da es durch die getrockneten Früchte lange frisch bleibt und über mehrere Wochen hinweg genossen werden kann. Der Genuss eines Kletzenbrots ist nicht nur ein kulinarisches Erlebnis, sondern auch eine Reise in die **Geschichte** der Alpenregion, die von der bäuerlichen Kultur und der engen Verbindung zur Natur geprägt ist.

19. Dezember

Rumkugeln – Schokoladen-Rum-Pralinen

Zutaten:

- 200 g Zartbitterschokolade
- 100 g Butter
- 100 g Puderzucker
- 50 ml Rum
- 2 EL Kakaopulver
- Optional: Kokosraspeln oder Zuckerstreusel für das Wälzen

Zubereitung:

Die **Rumkugeln** gehören zu den Klassikern der Weihnachtszeit und werden besonders gerne als kleine Nascherei für Erwachsene serviert. Sie haben einen intensiven Geschmack, der von der Kombination aus **Rum** und **Zartbitterschokolade** geprägt ist, und sind für ihre weiche, samtige Textur bekannt.

Für die Zubereitung wird zunächst die Zartbitterschokolade im Wasserbad geschmolzen. Dies stellt sicher, dass die Schokolade gleichmäßig und schonend schmilzt, ohne zu verbrennen. Während die Schokolade schmilzt, wird die Butter auf Zimmertemperatur gebracht und anschließend zusammen mit dem Puderzucker schaumig geschlagen. Diese Mischung sorgt dafür, dass die Rumkugeln später eine besonders zarte Konsistenz haben.

Nachdem die Schokolade vollständig geschmolzen ist, wird sie zur Butter-Puderzucker-Mischung hinzugefügt. Alles wird gut miteinander verrührt, bis eine homogene Masse entsteht. Der nächste Schritt ist das Hinzufügen des **Rums**, der den Kugeln ihren charakteristischen Geschmack verleiht. Hier kann je nach Geschmack die Menge an Rum variiert werden – für eine intensivere Note kann etwas mehr Rum verwendet werden, während für eine mildere Version auch weniger genügt.

Sobald die Schokoladen-Rum-Mischung gut vermengt ist, wird die Masse für etwa 30 Minuten in den Kühlschrank gestellt, damit sie fest genug wird, um daraus Kugeln zu formen. Nach der Kühlzeit wird die Masse aus dem Kühlschrank genommen und es werden kleine Kugeln geformt – etwa in der Größe einer Walnuss. Diese werden dann in **Kakaopulver** gewälzt, um ihnen ein intensives, herbes Aroma zu verleihen. Alternativ können die Kugeln auch in **Kokosraspeln** oder **Zuckerstreuseln** gerollt werden, um ihnen eine süßere oder exotischere Note zu geben.

Die fertigen **Rumkugeln** sollten bis zum Servieren im Kühlschrank aufbewahrt werden, damit sie ihre feste Konsistenz behalten und das Aroma des Rums sich voll entfalten kann. Sie sind besonders beliebt als kleines Geschenk in der Vorweihnachtszeit oder als süße Begleitung zu einem festlichen Dessert.

Kuriosität:
Die Geschichte der **Rumkugeln** geht auf die europäische Pralinenkunst zurück, und besonders in der Weihnachtszeit haben sie in vielen deutschen Haushalten einen festen Platz. Ursprünglich stammen diese Schokoladen-Rum-Pralinen aus Dänemark und verbreiteten sich später in den deutschsprachigen Ländern, wo sie vor allem in der Adventszeit zubereitet werden. Dank des charakteristischen Rumaromas und der cremigen Schokoladenbasis sind sie besonders bei Erwachsenen beliebt, da sie eine dezente, festliche Süßigkeit darstellen.

In Deutschland sind die Rumkugeln vor allem zu **Weihnachten** ein fester Bestandteil der **Weihnachtsbäckerei**. Sie eignen sich hervorragend als selbstgemachte Nascherei, die leicht zuzubereiten ist und sich perfekt als kleines Geschenk für Freunde und Familie anbietet. Da sie aufgrund des enthaltenen Alkohols nicht für Kinder geeignet sind, werden sie häufig als besondere Praline für die Erwachsenen zubereitet, die bei festlichen Gelegenheiten wie Weihnachtsfeiern oder Familienessen serviert wird.

Der hohe Schokoladenanteil und die Zugabe von Butter sorgen dafür, dass die **Rumkugeln** eine luxuriöse und samtige Textur haben. Der Rum hebt den Geschmack der Schokolade hervor und gibt den Pralinen eine leicht bittere, aromatische Note, die sich wunderbar mit der Süße der Schokolade vereint. In einigen Varianten wird der Rum auch durch andere Spirituosen wie Amaretto oder Whiskey ersetzt, um verschiedene Geschmacksrichtungen zu kreieren.

Besonders schön lassen sich die Rumkugeln in dekorativen **Geschenkboxen** oder kleinen Tütchen verpacken und als **persönliche Geschenke** für Freunde und Familie überreichen. Sie können auch wunderbar mit anderen Pralinen oder Weihnachtsplätzchen auf einem festlichen Teller angerichtet werden, um den Weihnachtsabend stilvoll zu bereichern.

Rumkugeln haben sich im Laufe der Jahre zu einem echten Klassiker entwickelt, der in vielen Haushalten nicht mehr wegzudenken ist. Trotz ihrer Einfachheit überzeugen sie durch ihre kräftigen Aromen und die geschmeidige Konsistenz, die sie zu einem perfekten Genuss in der Weihnachtszeit machen.

20. Dezember

Punschkrapfen – Kleine Rum-Gebäckstücke mit rosa Glasur

Zutaten:

- 200 g Biskuitteig (Pan di Spagna)
- 150 g Aprikosenmarmelade
- 50 ml Rum
- 100 g Puderzucker
- 1-2 Tropfen rote Lebensmittelfarbe
- 50 g Marzipan (optional)
- 50 g Schokolade (optional für Dekoration)

Zubereitung:

Punschkrapfen sind farbenfrohe, aromatische kleine Kuchen, die besonders in Österreich und Süddeutschland während der Weihnachtszeit beliebt sind. Die Kombination aus Aprikosenmarmelade, Rum und der typischen rosa Glasur macht diese Gebäckstücke zu einem unverwechselbaren Highlight auf dem weihnachtlichen Plätzchenteller.

Die Zubereitung beginnt mit der Herstellung des **Biskuitteigs**. Dieser kann entweder frisch zubereitet oder auch vom Vortag verwendet werden. Der Biskuit wird in kleine Würfel geschnitten und in einer Schüssel mit der Aprikosenmarmelade und dem **Rum** vermischt. Die Marmelade sorgt für eine fruchtige Süße, während der Rum dem Gebäck ein kräftiges, festliches Aroma verleiht. Falls die Masse zu trocken wirkt, kann zusätzlich etwas mehr Rum oder Marmelade hinzugefügt werden, bis eine klebrige, formbare Konsistenz erreicht wird.

Nach dem Vermischen der Zutaten wird die Masse in kleine Kugeln oder Würfel geformt. Diese werden kurz im Kühlschrank fest werden gelassen, damit sie beim Glasieren ihre Form behalten. In dieser Ruhezeit wird die rosa Glasur vorbereitet.

Für die Glasur wird der **Puderzucker** mit etwas Wasser und der roten Lebensmittelfarbe verrührt, bis eine glatte, dickflüssige Glasur entsteht. Diese gibt den Punschkrapfen ihr charakteristisches Aussehen. Die rosa Glasur wird gleichmäßig über die Kugeln gegossen, bis sie vollständig bedeckt sind. Falls gewünscht, kann auch eine kleine Marzipandekoration oder ein Streifen geschmolzene Schokolade auf die Glasur gegeben werden, um den **Punschkrapfen** eine zusätzliche festliche Note zu verleihen.

Die fertigen **Punschkrapfen** sollten erneut für etwa 30 Minuten gekühlt werden, damit die Glasur vollständig aushärtet. Danach sind sie bereit, serviert zu werden.

Kuriosität:

Die Geschichte der **Punschkrapfen** reicht bis ins 18. Jahrhundert zurück. Ursprünglich wurden sie erfunden, um übriggebliebenen Biskuitteig und Kuchenreste zu verwerten, indem sie mit Rum und Marmelade vermischt und in neue, kleine Pralinen verwandelt wurden. Dies war eine beliebte Methode, um **Resten** neues Leben einzuhauchen und sie in etwas Besonderes zu verwandeln.

In **Wien** und anderen Teilen Österreichs gelten die Punschkrapfen als Klassiker der Konditoreikunst und sind nicht nur zur Weihnachtszeit, sondern auch das ganze Jahr über in Kaffeehäusern und Bäckereien zu finden. Die leuchtend rosa Glasur ist charakteristisch für diese kleinen Kuchen und verleiht ihnen ein festliches und gleichzeitig verspieltes Aussehen.

Neben der traditionellen Zubereitung mit **Aprikosenmarmelade** und Rum gibt es heute viele Varianten der Punschkrapfen, die mit verschiedenen Füllungen und Glasuren experimentieren. Einige Versionen enthalten beispielsweise Marzipan oder Schokolade in der Füllung, während andere statt der rosa Glasur eine schokoladige Hülle bevorzugen.

Der unverwechselbare **Geschmack** der Punschkrapfen entsteht durch die Kombination von fruchtiger Süße, intensiven Rum-Aromen und der knackigen Zuckerkruste. Obwohl sie heute vor allem in **Österreich** bekannt sind, haben sie auch in vielen deutschen Regionen, besonders in Bayern und dem südlichen Baden-Württemberg, ihren festen Platz in der Weihnachtsbäckerei gefunden.

Diese kleinen, saftigen Kuchen sind nicht nur optisch ein Highlight auf dem **Weihnachtstisch**, sondern bieten auch geschmacklich eine einzigartige Mischung aus Tradition und modernem Genuss.

Schneebälle – Frittierte Schneebälle

Zutaten:

- 500 g Mehl
- 200 g Butter
- 100 g Zucker
- 4 Eier
- 1 Prise Salz
- Öl zum Frittieren
- Puderzucker zum Bestreuen

Zubereitung:

Die **Schneebälle** sind ein klassisches Gebäck aus der Stadt **Rothenburg ob der Tauber** in Bayern und gehören zu den traditionsreichsten und gleichzeitig einzigartigsten Leckereien, die während der Weihnachtszeit und auf Volksfesten genossen werden. Diese süßen, frittierten Teigbälle haben eine knusprige Konsistenz und sind von einer dicken Schicht Puderzucker bedeckt, was ihnen ihr charakteristisches schneeballähnliches Aussehen verleiht.

Um die Schneebälle zuzubereiten, beginnt man mit der Herstellung eines einfachen **Mürbeteigs**. Dafür wird das Mehl mit dem Zucker und einer Prise Salz vermischt. Die kalte Butter wird in kleine Stücke geschnitten und zusammen mit den Eiern zum Mehl gegeben. Alles wird zügig zu einem geschmeidigen Teig verarbeitet. Der Mürbeteig sollte nicht zu lange geknetet werden, um seine feine, bröselige Konsistenz zu bewahren. Anschließend wird der Teig in Frischhaltefolie gewickelt und für etwa 30 Minuten in den Kühlschrank gelegt, damit er fest genug wird, um ihn weiter zu verarbeiten.

Nach der Kühlzeit wird der Teig auf einer bemehlten Arbeitsfläche dünn ausgerollt. Mit einem speziellen Teigrad oder einem Messer werden Streifen von etwa 2 cm Breite geschnitten. Diese Streifen werden locker zu Kugeln geformt, indem sie zu einem losen Knäuel ineinander verschlungen werden. Es ist wichtig, die Teigstreifen nicht zu fest zu wickeln, da die Kugeln beim Frittieren noch aufgehen und knusprig werden sollen.

In einem großen Topf wird das Öl auf etwa 170 Grad erhitzt. Sobald das Öl heiß genug ist, werden die geformten Schneebälle vorsichtig in das Öl gegeben und für etwa 5-7 Minuten goldbraun frittiert. Dabei müssen sie regelmäßig gewendet werden, um eine gleichmäßige Bräunung zu gewährleisten. Die Schneebälle werden mit einer Schaumkelle aus dem Öl genommen und auf Küchenpapier abgetropft, um das überschüssige Fett zu entfernen.

Nach dem Frittieren werden die Schneebälle großzügig mit **Puderzucker** bestreut, was ihnen ihr typisches, schneebedecktes Aussehen verleiht. Alternativ können sie auch mit Schokoladenglasur überzogen oder mit Zimt und Zucker bestreut werden, um verschiedene Geschmacksrichtungen zu kreieren.

Kuriosität:
Die **Schneebälle** haben in Rothenburg ob der Tauber eine lange Tradition, die bis ins Mittelalter zurückreicht. Ursprünglich wurden sie zu besonderen Anlässen wie Hochzeiten oder Festen serviert und galten als Symbol für Wohlstand und Glück. Heute sind sie das Markenzeichen der Stadt und werden in fast jedem Café und Bäckerei angeboten. Besucher der romantischen Altstadt von Rothenburg können die Schneebälle in vielen verschiedenen Variationen kaufen, von der klassischen Version mit Puderzucker bis hin zu modernen Interpretationen mit Schokolade, Nüssen oder Zimt.

Trotz ihrer einfachen Zutaten und Zubereitung haben sich die Schneebälle im Laufe der Jahre zu einer wahren Delikatesse entwickelt. Sie sind nicht nur ein beliebtes Souvenir für Touristen, sondern auch ein fester Bestandteil der fränkischen Weihnachtstradition. Ihre besondere Form und die knusprige Textur machen sie zu einem einzigartigen Genuss, der besonders zur Adventszeit geschätzt wird.

Obwohl die Schneebälle heute das ganze Jahr über erhältlich sind, haben sie eine besondere Verbindung zur Weihnachtszeit. Die Herstellung und das gemeinsame Verzehren dieser süßen, knusprigen Bälle sind fester Bestandteil der festlichen Rituale in vielen Familien in Bayern und darüber hinaus.

22. Dezember

Springerle – Verzierte Anisplätzchen

Zutaten:

- 500 g Mehl
- 4 Eier
- 500 g Zucker
- 1 EL Anissamen
- 1 Prise Salz

Zubereitung:

Springerle sind traditionelle deutsche Kekse, die besonders in **Bayern** und im südlichen Deutschland während der Adventszeit beliebt sind. Ihre charakteristische Eigenschaft sind die aufwendig geprägten Motive, die oft mit Holzmodeln oder speziellen Stempeln in den Teig gedrückt werden. Diese Motive, die häufig religiöse oder festliche Szenen darstellen, machen Springerle zu wahren Kunstwerken auf dem Weihnachtstisch.

Um **Springerle** zuzubereiten, beginnt man mit dem Schlagen der Eier und des Zuckers, bis die Mischung eine hellgelbe, schaumige Konsistenz erreicht. Dies dauert etwa 10 Minuten und sorgt für die typische luftige Struktur des Teigs. Anschließend werden das Mehl und eine Prise Salz untergehoben, bis ein glatter Teig entsteht. Um dem traditionellen Geschmack gerecht zu werden, werden die **Anissamen** entweder direkt in den Teig gegeben oder vor dem Backen auf das Backblech gestreut, um den Keksen während des Backens ein leichtes Anisaroma zu verleihen.

Der fertige Teig wird auf einer bemehlten Arbeitsfläche etwa 1 cm dick ausgerollt. Hier kommt der wichtigste Schritt: das Prägen der Motive. Mit einem **Springerle-Holzmodel** oder einem speziellen Keksstempel werden die kunstvollen Muster in den Teig gedrückt. Die geprägten

Teigstücke werden dann in Rechtecke oder Quadrate geschnitten und auf das Backblech gelegt, das mit Anissamen bestreut wurde.

Nachdem die Springerle auf das Blech gelegt wurden, sollten sie mindestens 12 Stunden bei Raumtemperatur ruhen, damit sich die Oberfläche der Kekse setzt und sich eine feste Kruste bildet. Diese Ruhezeit ist entscheidend, um sicherzustellen, dass die Motive während des Backens ihre Form behalten.

Die Springerle werden bei niedriger Temperatur (ca. 120-140 Grad) für 20-30 Minuten gebacken. Durch das langsame Backen bleiben die **geprägten Details** erhalten, und die Kekse bekommen eine harte, leicht glänzende Oberfläche, während sie innen weich bleiben. Nach dem Backen müssen die Springerle mehrere Tage an der Luft trocknen, um ihre charakteristische feste, aber dennoch leicht brüchige Textur zu entwickeln.

Kuriosität:
Springerle haben eine lange Geschichte und werden seit dem **14. Jahrhundert** in Süddeutschland und der Schweiz gebacken. Sie sind eng mit den Feierlichkeiten zur **Weihnachtszeit** verbunden und wurden traditionell als **Opfergabe** bei religiösen Festen verwendet. Die kunstvollen Formen und Verzierungen spiegeln oft biblische Szenen oder Symbole des Christentums wider, was sie zu einem wichtigen Teil der festlichen Bräuche machte.

Der Name "Springerle" leitet sich möglicherweise vom hochdeutschen Wort **"springen"** ab, das sich auf das Springen des Teigs während des Backens bezieht, wenn die untere Seite der Kekse etwas aufgeht und die Muster sich deutlich abheben. Die Prägungen, die bei der Herstellung von Springerle verwendet werden, sind oft wahre Kunstwerke und werden seit Generationen in Form von handgeschnitzten Holzmodeln weitergegeben.

Die Kekse selbst haben eine besonders lange Haltbarkeit und werden daher oft Wochen vor Weihnachten gebacken. Da die Springerle mit der Zeit härter werden, werden sie traditionell mit **Kaffee, Tee oder Glühwein** serviert, um sie etwas weicher zu machen. In vielen Familien gehört das **Backen von Springerle** zur festen Weihnachtsvorbereitung, und es gibt sogar **Wettbewerbe**, bei denen die schönsten oder kunstvollsten Springerle-Motive prämiert werden.

Obwohl Springerle heute oft auch mit modernen Formen wie Sternen, Herzen oder Blumen geprägt werden, bleibt ihre Verbindung zu alten Traditionen und religiösen Festen stark. Sie sind ein Beispiel dafür, wie alte Backtraditionen durch die Jahrhunderte bewahrt wurden und heute noch genauso geschätzt werden wie vor hunderten von Jahren.

Pfefferkuchenhaus – Casetta di pan di zenzero

Zutaten:

- 500 g Mehl
- 200 g Zucker
- 200 g Honig
- 2 Eier
- 2 TL Zimt
- 1 TL Ingwer
- 1 TL Nelkenpulver
- 1 TL Backpulver
- 200 g Puderzucker (für die Glasur)
- Verschiedene Süßigkeiten
  (Schokolade, Bonbons, Smarties)

Zubereitung:

Das **Pfefferkuchenhaus**, auch bekannt als Lebkuchenhaus, ist eine der bekanntesten Weihnachtstraditionen in Deutschland und erinnert viele an die Geschichte von **Hänsel und Gretel**. Das Haus wird aus Pfefferkuchenteig hergestellt, mit Zuckerglasur zusammengehalten und kunstvoll mit Süßigkeiten dekoriert. Die Herstellung eines Pfefferkuchenhauses erfordert Geduld, Kreativität und eine Liebe zum Detail, was es zu einem wunderbaren Projekt für die ganze Familie macht.

Zunächst wird der **Pfefferkuchenteig** vorbereitet. Dazu werden Honig und Zucker in einem Topf leicht erhitzt, bis der Zucker geschmolzen ist. Diese Mischung lässt man kurz abkühlen, bevor sie zusammen mit Eiern, Gewürzen wie Zimt, Ingwer und Nelkenpulver und Mehl zu einem festen Teig verarbeitet wird. Das Backpulver sorgt dafür, dass der Teig beim Backen leicht aufgeht. Der fertige Teig wird in Frischhaltefolie eingewickelt und mindestens eine Stunde im Kühlschrank ruhen gelassen, damit er sich gut verarbeiten lässt.

Während der Teig ruht, bereitet man die Schablonen für die verschiedenen **Teile des Hauses** vor. Traditionell besteht ein Pfefferkuchenhaus aus zwei Seitenwänden, zwei Dachplatten, einer Vorder- und Rückwand mit Tür und Fenstern. Man kann auch einen Schornstein oder andere dekorative Elemente hinzufügen. Der Teig wird ausgerollt, auf eine Dicke von etwa 1 cm gebracht und dann nach den vorbereiteten Schablonen zugeschnitten.

Die Teigstücke werden bei 180 Grad für etwa 10-15 Minuten gebacken, bis sie fest und leicht gebräunt sind. Nach dem Backen lässt man die Teile vollständig abkühlen. Dieser Schritt ist entscheidend, damit die Wände und das Dach des Hauses stabil sind.

Nun beginnt der kreative Teil: das **Zusammenbauen und Dekorieren**. Die Zuckerglasur wird hergestellt, indem Puderzucker mit etwas Wasser oder Eiweiß zu einer dicken, klebrigen Masse angerührt wird. Diese Glasur dient als Kleber für die einzelnen Teile des Hauses. Man beginnt damit, die Wände auf einer festen Unterlage zusammenzusetzen, wobei die Glasur zwischen den Teilen aufgetragen wird, um sie zu fixieren. Sobald die Wände stehen, werden die Dachplatten vorsichtig aufgesetzt und ebenfalls mit Glasur befestigt. Es ist wichtig, dem Haus genug Zeit zum Trocknen zu geben, damit es stabil bleibt.

Nach dem Zusammenbau des Grundgerüsts wird das Haus mit verschiedenen **Süßigkeiten** und Schokolade dekoriert. Dabei sind der Fantasie keine Grenzen gesetzt: Bonbons, Schokolinsen, Zuckerstangen und andere Süßwaren werden mit Glasur auf das Dach und die Wände geklebt, um ein buntes und fröhliches Aussehen zu erzeugen. Fenster und Türen können ebenfalls mit Glasur oder kleinen Zuckerdekorationen verziert werden. Einige Familien verwenden auch geschmolzene Schokolade, um einen zusätzlichen Geschmack und eine besondere Note hinzuzufügen.

Kuriosität:
Das **Pfefferkuchenhaus** ist nicht nur eine köstliche Nascherei, sondern auch ein **Symbol der Weihnachtszeit**. Es wird oft als zentrale Dekoration in deutschen Haushalten während der Adventszeit aufgestellt. Die Tradition geht auf das 19. Jahrhundert zurück und wurde von der **Märchenerzählung Hänsel und Gretel** inspiriert, in der die beiden Kinder auf ein Haus aus Süßigkeiten stoßen. Diese Geschichte hat das Bild des essbaren Häuschens in die deutsche Weihnachtskultur eingebettet und das Pfefferkuchenhaus zu einem beliebten Teil der Feiertagsvorbereitungen gemacht.

Heute gibt es zahlreiche Wettbewerbe und Ausstellungen, bei denen die schönsten oder größten Pfefferkuchenhäuser prämiert werden. Auch in vielen **Backschulen und Familien** ist das Bauen eines Pfefferkuchenhauses ein fester Bestandteil der Vorweihnachtszeit, da es sowohl ein traditionelles als auch kreatives Erlebnis bietet. Obwohl das Pfefferkuchenhaus häufig als Dekoration dient, wird es nach den Feiertagen oft zerkleinert und gemeinsam verzehrt.

24. Dezember

Glühwein – Vino caldo speziato

Zutaten:

- 1 Flasche Rotwein (trocken oder halbtrocken)
- 1 Zimtstange
- 4 Nelken
- 2 Sternanis
- 1 Orange (in Scheiben geschnitten)
- 3 EL Zucker (nach Geschmack)
- Optional: ein Schuss Rum oder Amaretto

Zubereitung:

Glühwein ist eine der bekanntesten und beliebtesten winterlichen Getränke in Deutschland, besonders während der Weihnachtszeit. Dieser heiße, gewürzte Wein wird auf Weihnachtsmärkten im ganzen Land verkauft und verbreitet mit seinem intensiven Duft sofort weihnachtliche Stimmung. Er wärmt die Hände und die Herzen an kalten Winterabenden und gehört für viele Familien zur festen Tradition in der Adventszeit. Der Ursprung von Glühwein reicht bis ins Mittelalter zurück, wo gewürzte Weine zur Konservierung und Verbesserung des Geschmacks verwendet wurden.

Die Zubereitung von Glühwein beginnt mit der Auswahl eines guten Rotweins. Ideal ist ein trockener oder halbtrockener Wein, da die Süße durch den Zucker und die Orangen hinzugefügt wird. Der Wein wird in einen großen Topf gegossen und langsam erhitzt. Es ist wichtig, den Wein nur zu erhitzen, nicht zu kochen, da sonst der Alkohol verdampft und der Geschmack verändert wird.

Nun werden die **Gewürze** hinzugefügt: eine Zimtstange, Nelken und Sternanis. Diese Gewürze geben dem Glühwein sein charakteristisches Aroma. Zusätzlich werden Orangenscheiben in den Topf gegeben, um dem Getränk eine fruchtige Note zu verleihen. Der Zucker wird je nach

Geschmack hinzugefügt – manche mögen ihren Glühwein süßer, andere bevorzugen ihn etwas herber. Optional kann auch ein Schuss Rum oder Amaretto hinzugefügt werden, um den Glühwein noch intensiver und wärmender zu machen.

Das Geheimnis eines guten Glühweins liegt in der langsamen Zubereitung. Der Wein sollte bei niedriger Hitze etwa 20-30 Minuten ziehen, damit die Gewürze ihr volles Aroma entfalten können. Dabei muss darauf geachtet werden, dass der Wein nicht zu heiß wird, da dies den Geschmack negativ beeinflussen kann. Der fertige Glühwein wird dann heiß serviert, typischerweise in kleinen Tassen oder Bechern, die oft auf den Weihnachtsmärkten angeboten werden. Für eine besonders festliche Präsentation kann der Glühwein mit einer Orangenscheibe oder einer Zimtstange garniert werden.

Kuriosität:
Der **Glühwein** hat sich im Laufe der Zeit zu einem unverzichtbaren Teil der deutschen Weihnachtstradition entwickelt. Auf fast jedem **Weihnachtsmarkt** in Deutschland findet man Stände, die Glühwein in verschiedenen Varianten anbieten. Neben der klassischen Rotweinversion gibt es auch weißen Glühwein, Apfelglühwein und sogar alkoholfreie Versionen, die vor allem für Kinder und Autofahrer geeignet sind. Viele Menschen bereiten Glühwein auch zu Hause zu, um ihn bei Familienfeiern oder gemütlichen Abenden im Advent zu genießen.

Historisch betrachtet, hat der Glühwein seinen Ursprung in den mittelalterlichen Gewürzweinen, die dazu dienten, minderwertigen oder bereits alternden Wein durch die Zugabe von Gewürzen und Süßungsmitteln aufzuwerten. Diese Tradition wurde über Jahrhunderte weiterentwickelt und schließlich zu dem warmen, aromatischen Getränk, das wir heute als Glühwein kennen. Besonders in der kalten Jahreszeit ist Glühwein ein beliebtes Mittel, um Körper und Seele zu wärmen.

Ein Besuch auf einem deutschen Weihnachtsmarkt ohne Glühwein ist für viele unvorstellbar. In den Wintermonaten wird das Getränk nicht nur wegen seines Geschmacks, sondern auch wegen seiner geselligen Wirkung geschätzt. Es bringt Menschen zusammen, die gemeinsam in der Kälte stehen und die Wärme des Getränks sowie die Atmosphäre des Marktes genießen. Die Tradition, den ersten Glühwein der Saison auf einem Weihnachtsmarkt zu trinken, ist für viele Deutsche ein fester Bestandteil der Vorweihnachtszeit.

Neben den Weihnachtsmärkten hat sich der Glühwein auch in andere Bereiche des gesellschaftlichen Lebens integriert. Viele Firmen und Organisationen veranstalten in der Adventszeit Glühweinfeste, und in einigen Regionen gibt es sogar spezielle

Glühweinwanderungen, bei denen die Teilnehmer durch die winterliche Landschaft wandern und an verschiedenen Stationen Glühwein serviert bekommen.

Der Genuss von Glühwein ist mehr als nur eine kulinarische Tradition – er ist ein Symbol für die festliche **Gemeinschaft** und das Teilen von Wärme und Freude in der kalten Jahreszeit.

KAPITEL 4: IDEEN FÜR EINEN SELBSTGEMACHTEN ADVENTSKALENDER

4.1 Einen personalisierten Adventskalender gestalten

Ein selbstgemachter Adventskalender ist eine wunderbare Möglichkeit, die Vorfreude auf Weihnachten individuell zu gestalten und jedem Tag im Advent eine persönliche Note zu verleihen. Es gibt viele kreative Möglichkeiten, einen Adventskalender zu gestalten, sei es mit köstlichen Rezepten, kleinen Geschenken oder handgemachten Überraschungen. In diesem Abschnitt bieten wir eine praktische Anleitung, wie du deinen eigenen Adventskalender entwerfen kannst – von den Materialien über die Gestaltung bis hin zu den Inhalten.

Materialien für den Adventskalender

Um einen personalisierten Adventskalender zu erstellen, benötigst du folgende Grundmaterialien:

- **Kalenderbasis:** Eine geeignete Basis wie kleine Säckchen, Schachteln, Umschläge oder Papiertüten. Du kannst auch eine große Pappe oder ein Holzbrett als Grundgerüst verwenden.

- **Dekorationsmaterialien:** Bänder, Aufkleber, Weihnachtsmotive, Glitzer, Filz, und farbiges Papier sind ideal, um den Kalender weihnachtlich und individuell zu gestalten.

- **Nummerierungen:** Verwende entweder Aufkleber oder handschriftliche Ziffern, um die 24 Tage zu markieren. Diese können direkt auf die Säckchen oder Schachteln geklebt werden.

- **Befestigungen:** Zum Aufhängen der Überraschungen können Wäscheklammern, Schnur oder kleine Haken verwendet werden.

Schritte zur Gestaltung

1. **Gestaltung der Grundstruktur:** Wähle eine Basis für den Kalender, wie etwa eine Holzplatte, an die du kleine Säckchen oder Boxen anbringst. Alternativ kannst du eine Reihe von Umschlägen an eine Wand oder Schnur hängen.

2. **Dekorieren:** Verziere den Kalender mit weihnachtlichen Motiven, Glitzer, und bunten Bändern. Persönliche Akzente wie kleine Fotos oder Zeichnungen machen den Kalender noch einzigartiger.

3. **Nummerierung der Tage:** Jede Tasche oder Schachtel sollte mit einer Zahl versehen werden, um die Tage im Advent zu zählen. Du kannst kreativ sein und die Zahlen unterschiedlich gestalten, z.B. mit Aufklebern, Stempeln oder farbigen Markern.

Ideen für die Inhalte

Die Inhalte eines selbstgemachten Adventskalenders sind das Herzstück der Überraschungen. Hier sind einige Vorschläge, um jeden Tag zu einem besonderen Erlebnis zu machen:

Kulinarische Überraschungen

- **Selbstgebackene Kekse:** Kleine Plätzchen wie Zimtsterne oder Vanillekipferl in Zellophan verpacken und mit einem hübschen Band versehen.

- **Mini-Schokoladen:** Ein Stück besondere Schokolade, vielleicht handgemacht oder mit weihnachtlichen Gewürzen verfeinert.

- **Gewürze:** Kleine Gläschen mit Zimt, Muskatnuss oder Lebkuchengewürz für das weihnachtliche Backen.

- **Kleine Marmeladen:** Selbstgemachte Marmelade in Mini-Gläschen, etwa aus Winterfrüchten wie Orangen oder Pflaumen.

- **Heiße Schokolade:** Ein Beutelchen mit Kakaopulver und Mini-Marshmallows für ein gemütliches Wintergetränk.

Kreative und persönliche Überraschungen

- **Handgeschriebene Botschaften:** Kleine Zettel mit Weihnachtswünschen oder lieben Botschaften für jeden Tag.

- **Fotos oder Zeichnungen:** Familienfotos oder kleine Kunstwerke, die besondere Momente des Jahres festhalten.

- **DIY-Bastelsets:** Materialien und Anleitungen für einfache Weihnachtsdekorationen, wie Papiersterne oder Christbaumanhänger.

Thematische Adventskalender

Du kannst deinen Adventskalender auch thematisch gestalten, um den Fokus auf ein spezielles Interesse oder eine Leidenschaft zu legen. Hier sind einige Ideen für thematische Kalender:

- **Back-Adventskalender:** Fülle jeden Tag mit einem neuen Backutensil, Gewürzen oder einem kleinen Rezept, das bis Weihnachten zu einer vollen Rezeptesammlung führt.

- **Kräuter- und Gewürzkalender:** Jeden Tag eine andere Sorte von Kräutern oder Gewürzen, die zum Kochen oder Backen inspiriert.

- **Tee-Adventskalender:** 24 verschiedene Sorten Tee, die in kleinen Beuteln verpackt sind und jeden Tag ein neues Geschmackserlebnis bieten.

Personalisierte Geschenke für die ganze Familie

Ein selbstgemachter Adventskalender kann nicht nur ein wunderbares Geschenk für Kinder sein, sondern auch für Erwachsene. Die folgenden Ideen bieten sich für unterschiedliche Altersgruppen an:

- **Für Kinder:** Spielzeugminiaturen, Buntstifte, Puzzles oder kleine Weihnachtsfiguren.

- **Für Erwachsene:** Kleine Wohlfühlgeschenke wie Kerzen, Badezusätze, Teesorten oder persönliche Gutscheine (z.B. für eine Massage, einen Filmabend oder ein gemeinsames Abendessen).

- **Für die ganze Familie:** Gemeinsame Erlebnisse, wie z.B. Gutscheine für einen winterlichen Spaziergang, ein Brettspielabend oder das Schmücken des Weihnachtsbaums.

Nachhaltigkeit und Umweltfreundlichkeit

Ein DIY-Adventskalender bietet auch die Möglichkeit, umweltbewusst zu handeln. Hier sind einige Tipps, um den Kalender nachhaltiger zu gestalten:

- **Wiederverwendbare Materialien:** Verwende Säckchen aus Stoff oder Papiertüten, die jedes Jahr wiederverwendet werden können.

- **Natürliche Dekorationen:** Nutze Materialien wie getrocknete Orangenscheiben, Zimtstangen oder Tannenzweige, um den Kalender zu dekorieren.

- **Vermeide Einwegplastik:** Verpacke die kleinen Geschenke in Stoffbeutel oder Papierschachteln, anstatt Plastiktüten zu verwenden.

Ein selbstgemachter Adventskalender ist nicht nur ein kreatives und persönliches Geschenk, sondern auch eine Gelegenheit, die Vorweihnachtszeit auf besondere Weise zu gestalten.

4.2 Adventskalender für jeden Geschmack

Ein Adventskalender kann auf viele verschiedene Bedürfnisse und Vorlieben zugeschnitten werden. Es gibt zahlreiche Möglichkeiten, wie man einen Kalender an spezifische Ernährungsweisen, Lebensstile oder Zielgruppen anpassen kann, um die Vorweihnachtszeit für jeden zu etwas Besonderem zu machen. Hier stellen wir einige Ideen vor, wie man Adventskalender für unterschiedliche Geschmäcker und Bedürfnisse gestalten kann.

Vegane Adventskalender

Immer mehr Menschen entscheiden sich für eine vegane Lebensweise, und ein veganer Adventskalender ist eine großartige Möglichkeit, diese Entscheidung auch in der Adventszeit zu respektieren. Anstatt traditioneller Leckereien wie Schokolade oder Gebäck mit tierischen Produkten, kann man den Kalender mit pflanzlichen Alternativen füllen:

- **Vegane Schokolade:** Inzwischen gibt es eine große Auswahl an veganer Schokolade, die auf Milchprodukte verzichtet, aber dennoch den vollen Geschmack von Kakao bietet.

- **Trockenfrüchte und Nüsse:** Eine gesunde und köstliche Option sind getrocknete Früchte wie Mangos, Datteln oder Feigen, kombiniert mit Nüssen wie Mandeln, Walnüssen oder Cashews.

- **Selbstgemachte vegane Plätzchen:** Rezepte für vegane Kekse, wie z.B. Zimtsterne ohne Ei oder Haferkekse mit Kokosöl, können jeden Tag für eine süße Überraschung sorgen.

- **Vegane Kosmetikprodukte:** Neben Lebensmitteln kann der Kalender auch kleine vegane Pflegeprodukte wie Lippenbalsam, Handcreme oder Badezusätze enthalten.

Glutenfreie Adventskalender

Für Menschen mit einer Glutenunverträglichkeit oder Zöliakie ist ein glutenfreier Adventskalender die perfekte Möglichkeit, die Weihnachtszeit zu genießen, ohne auf süße Überraschungen verzichten zu müssen. Hier einige glutenfreie Füllideen:

- **Glutenfreie Backmischungen:** Es gibt spezielle Backmischungen für glutenfreie Plätzchen, die man in kleinen Portionen vorbereiten und verschenken kann.

- **Reis- und Maisgebäck:** Kleine Snacks aus Reis- oder Maismehl, wie Reiscracker oder Maiswaffeln, sind eine leckere und leichte Alternative.

- **Glutenfreie Süßigkeiten:** Schokolade und Bonbons, die kein Gluten enthalten, sind ebenfalls in den Kalender integrierbar.

- **Kochzubehör:** Für Menschen, die gerne glutenfrei kochen und backen, bieten sich kleine Utensilien wie Plätzchenausstecher, Mini-Messbecher oder Kochlöffel an.

Adventskalender für Kinder

Kinder lieben Adventskalender, und es gibt viele kreative Wege, einen Kalender speziell für die Kleinsten zu gestalten. Hier einige Ideen:

- **Spielzeugminiaturen:** Jeden Tag eine kleine Figur oder ein Spielzeugauto, das die Kinder sammeln können, bis sie am Ende eine ganze Sammlung haben.

- **Bastelsets:** Kleine Bastelprojekte für jeden Tag – vom Weihnachtsstern aus Papier bis hin zu einfachen Perlenketten – regen die Kreativität an.

- **Geschichten zum Vorlesen:** Jeden Tag ein kleiner Abschnitt einer fortlaufenden Weihnachtsgeschichte, die bis Heiligabend erzählt wird. Dies kann als tägliches Ritual vor dem Zubettgehen dienen.

- **Gesunde Snacks:** Kleine Portionen von getrockneten Früchten, Nüssen oder Mini-Reiswaffeln bieten eine gesündere Alternative zu Schokolade.

Adventskalender für Erwachsene

Auch Erwachsene freuen sich über einen Adventskalender, besonders wenn er speziell auf ihre Vorlieben und Interessen abgestimmt ist. Hier einige Ideen für einen erwachsenen Adventskalender:

- **Weihnachtstees:** Unterschiedliche Teesorten, die täglich für eine gemütliche Teestunde sorgen, wie z.B. Zimttee, Früchtetee oder Rooibos mit Vanille.

- **Wein- oder Spirituosen-Proben:** Für Liebhaber von Wein oder Spirituosen könnte jeder Tag ein kleines Fläschchen mit einer neuen Sorte enthalten, wie z.B. Glühwein, Whisky oder Likör.

- **Selbstgemachte Pflegeprodukte:** Kleine Dosen mit selbstgemachten Badesalzen, Seifen oder Lippenbalsam sind perfekte Geschenke für entspannte Momente.

- **Literatur oder Poesie:** Jeden Tag ein kurzer literarischer Text oder ein Gedicht, das die Vorfreude auf Weihnachten steigert.

Personalisierte Adventskalender

Personalisierte Adventskalender bieten die Möglichkeit, auf die ganz individuellen Vorlieben und Interessen der Beschenkten einzugehen. Hier einige Tipps, wie man einen Kalender wirklich persönlich gestalten kann:

- **Fotos und Erinnerungen:** Jeden Tag ein Foto oder eine Erinnerung an besondere Momente des Jahres, die das Herz erwärmen und an schöne gemeinsame Zeiten erinnern.

- **Handgeschriebene Nachrichten:** Persönliche Botschaften oder Zitate, die den Tag der beschenkten Person verschönern und zum Nachdenken anregen.

- **Gutscheine:** Kleine selbstgemachte Gutscheine für gemeinsame Aktivitäten, wie ein Filmabend, ein Spaziergang oder ein gemeinsames Kochen, bieten nicht nur Freude, sondern auch gemeinsame Zeit.

Ein Adventskalender muss nicht nur aus Süßigkeiten bestehen – er kann auf die speziellen Bedürfnisse und Wünsche der beschenkten Person zugeschnitten werden.

4.3 Wie man unvergessliche Erlebnisse schafft

Ein Adventskalender bietet die Möglichkeit, nicht nur kleine Geschenke oder Süßigkeiten zu verteilen, sondern auch besondere Erlebnisse und Erinnerungen zu schaffen. Hier einige kreative Ansätze, um jeden Tag des Advents in etwas Besonderes zu verwandeln, sodass die Vorfreude auf Weihnachten voller Freude und Bedeutung ist.

1. Persönliche Botschaften

Nichts ist so wertvoll wie persönliche Worte. Anstatt nur physische Gegenstände in die Türchen zu legen, können handgeschriebene Notizen oder kurze Briefe integriert werden. Diese Botschaften könnten Zitate, inspirierende Gedanken oder einfach liebevolle Worte enthalten. Für Familien könnten Eltern oder Partner jeden Tag eine kleine Liebesbotschaft hinterlassen, um Nähe und Wertschätzung zu zeigen.

2. Gemeinsame Aktivitäten

Ein weiterer Weg, besondere Erlebnisse zu schaffen, ist, jeden Tag eine gemeinsame Aktivität vorzuschlagen. Das kann etwas Einfaches sein wie ein gemeinsamer Spaziergang im Winterwald, das Dekorieren des Weihnachtsbaums oder das Backen von Plätzchen. Diese Momente stärken die familiäre oder partnerschaftliche Bindung und schaffen bleibende Erinnerungen. Beispiele für solche Aktivitäten könnten sein:

- Eine Weihnachtsgeschichte vorlesen

- Einen Filmabend mit Weihnachtsfilmen veranstalten

- Eine Bastelstunde für selbstgemachte Weihnachtskarten

3. Überraschungen mit Bedeutung

Kleine Überraschungen, die mit dem jeweiligen Tag oder Thema in Verbindung stehen, machen den Adventskalender zu einem besonderen Erlebnis. Ein Beispiel könnte sein, am Tag des ersten Schnees einen Tag voller Schneevergnügen zu planen oder an einem kalten Tag eine Einladung für heißen Kakao und Plätzchen zu integrieren. So wird das Geschenk nicht nur materiell, sondern zu einer gemeinsamen Aktivität.

4. Schaffen von Ritualen

Rituale geben dem Adventskalender eine tiefere Bedeutung. Jeden Abend kann eine besondere Tradition eingeführt werden, wie das Anzünden einer Kerze, das Singen eines Weihnachtsliedes oder das Aufhängen eines besonderen Weihnachtsornaments. Diese wiederkehrenden Handlungen stärken die Bedeutung des Advents und schaffen Vorfreude auf das Weihnachtsfest. Ein solcher Kalender könnte darauf abzielen, dass jeden Tag ein Teil des Heiligenabends dekoriert oder vorbereitet wird.

5. Selbstgemachte Geschenke

Ein Kalender kann ebenfalls mit selbstgemachten Geschenken gefüllt werden, die eine persönliche Note tragen. Selbstgemachte Leckereien, kleine Handarbeiten oder liebevoll verpackte Kleinigkeiten zeigen die Mühe und Zuwendung, die hinter dem Kalender stecken. Solche Überraschungen haben oft mehr emotionale Bedeutung als gekaufte Artikel, da sie zeigen, dass sich jemand die Zeit genommen hat, etwas Besonderes zu gestalten.

6. Erlebnisse statt Gegenstände

Der Adventskalender muss nicht nur aus materiellen Geschenken bestehen. Stattdessen kann jeder Tag auf ein Erlebnis oder eine Erinnerung abzielen. Vorschläge könnten ein gemeinsamer Ausflug auf den Weihnachtsmarkt, ein Tag im Schnee oder ein Abend voller Geschichten und Musik sein. Solche Erlebnisse schaffen eine tiefere Bindung und sorgen dafür, dass der Advent in Erinnerung bleibt.

7. Adventskalender mit sozialem Aspekt

Eine schöne Möglichkeit, den Adventskalender besonders zu gestalten, besteht darin, jeden Tag eine kleine Geste der Freundlichkeit oder des Gebens einzubauen. Dies könnte ein Aufruf sein, etwas für die Nachbarn zu tun, wie einen Kuchen zu backen oder ein Geschenk vorbeizubringen, oder die Teilnahme an einer lokalen Wohltätigkeitsaktion. So wird die Freude des Gebens in den Mittelpunkt gestellt und der Advent erhält eine spirituelle Dimension.

8. Kreative Dekorationen

Ein Adventskalender kann auch als kreatives Projekt genutzt werden, um jeden Tag eine neue Dekoration für das Zuhause zu schaffen. Jedes Türchen könnte Materialien und Anleitungen enthalten, um den Weihnachtsbaum oder die Wohnung mit handgemachten Dekorationen zu schmücken. Dies schafft nicht nur Vorfreude, sondern auch eine persönliche Atmosphäre für das Zuhause.

9. Genussvolle Momente

Für Erwachsene könnten genussvolle Momente im Vordergrund stehen. Anstatt einfach nur Süßigkeiten zu verschenken, könnte jeder Tag eine besondere Tee- oder Kaffeesorte, eine kleine Weinprobe oder eine Empfehlung für einen entspannten Abend bei Kerzenschein und Musik bieten. So wird der Advent zu einer Zeit der Entspannung und des Genusses, weit abseits des Weihnachtstrubels.

10. Die Magie der Überraschung

Ein Adventskalender lebt von Überraschungen. Man kann jeden Tag einen Moment der Spannung schaffen, indem man Hinweise auf das Geschenk oder die Aktivität des Tages gibt und die Beschenkten dazu anregt, zu raten, was auf sie zukommt. So bleibt die Spannung bis zur letzten Sekunde erhalten und jede Überraschung wird zu einem besonderen Erlebnis.

Mit diesen Ansätzen kann der Adventskalender zu mehr als nur einer Reihe kleiner Geschenke werden – er wird zu einer Reise durch die magische Vorweihnachtszeit, voller Erinnerungen, Erlebnisse und Momente der Freude, die weit über das Schenken hinausgehen.

KAPITEL 5: DER ZAUBER DES ADVENTS: GESCHICHTEN UND WEIHNACHTSTRADITIONEN

5.1 Legenden und Kuriositäten der deutschen Weihnacht

Weihnachten in Deutschland ist nicht nur das Fest der Familie und der Lichter, sondern auch ein Fest, das tief in Legenden, Mythen und Geschichten verwurzelt ist. Seit Jahrhunderten werden in deutschen Haushalten Erzählungen weitergegeben, die das Weihnachtsfest mit einer besonderen Magie umgeben. Einige dieser Geschichten, die von Generation zu Generation weitergegeben wurden, prägen bis heute die festliche Zeit und tragen dazu bei, den Zauber des Advents zu verstärken.

Der Ursprung des Weihnachtsmanns

In Deutschland spielt der Weihnachtsmann eine zentrale Rolle im Weihnachtsfest. Doch woher kommt dieser geheimnisvolle Mann mit dem weißen Bart und dem roten Mantel? Der Ursprung des Weihnachtsmanns geht auf die Figur des Heiligen Nikolaus zurück, eines Bischofs aus dem 4. Jahrhundert, der für seine Großzügigkeit und seine Wohltätigkeit bekannt war. Besonders in den nördlichen und westlichen Regionen Deutschlands hat der Nikolaus, der traditionell am 6. Dezember gefeiert wird, einen besonderen Platz in der Weihnachtszeit.

Die Legende besagt, dass der Heilige Nikolaus Kinder beschenkte, die brav und gehorsam waren. Diese Tradition führte später zu der Vorstellung des Weihnachtsmanns, der am Heiligen Abend Geschenke bringt. In einigen Regionen Deutschlands gibt es jedoch noch immer Unterschiede zwischen Nikolaus und Weihnachtsmann: Während der Nikolaus am 6. Dezember zu den Kindern kommt, übernimmt der Weihnachtsmann seine Rolle erst an Weihnachten.

Das Christkind: Ein weiteres Symbol des Weihnachtszaubers

In vielen Regionen Deutschlands, insbesondere im Süden, ist das Christkind das zentrale Symbol des Weihnachtsfestes. Das Christkind wird oft als Engel mit goldenen Locken und einem langen weißen Gewand dargestellt. Es ist das Christkind, das in der Heiligen Nacht die Geschenke bringt, und nicht der Weihnachtsmann. Diese Tradition ist vor allem in Bayern, Baden-Württemberg und Österreich verbreitet.

Das Christkind geht auf eine Reformbewegung zurück, die von Martin Luther im 16. Jahrhundert angestoßen wurde. Er wollte die Aufmerksamkeit vom Heiligen Nikolaus ablenken und stattdessen das Christkind als Symbol für das Weihnachtsfest etablieren. Es sollte die

Geburt Christi in den Vordergrund rücken und somit die religiöse Bedeutung des Festes betonen.

Die Rauhnächte: Magische Nächte zwischen den Jahren

Eine der mystischsten Traditionen der deutschen Weihnacht sind die Rauhnächte, eine Zeit, die zwischen Weihnachten und dem Dreikönigstag liegt. Diese zwölf Nächte gelten als eine Zeit, in der die Grenze zwischen der Welt der Lebenden und der Welt der Geister durchlässig wird. In vielen Teilen Deutschlands wird geglaubt, dass in dieser Zeit Geister und Dämonen umherziehen.

Traditionell verbrannten die Menschen in den Rauhnächten Kräuter und Harze, um böse Geister zu vertreiben und das Haus zu schützen. Diese alten Bräuche werden in einigen Regionen auch heute noch gepflegt. Es heißt, dass in den Rauhnächten besondere Voraussagen für das kommende Jahr gemacht werden können, und dass es wichtig ist, in dieser Zeit auf Träume und Zeichen zu achten.

Die Legende vom Tannenbaum

Der Weihnachtsbaum ist eines der bekanntesten Symbole des deutschen Weihnachtsfestes. Doch warum stellen wir eigentlich einen Baum ins Wohnzimmer und schmücken ihn mit Kerzen und Kugeln? Die Ursprünge dieser Tradition reichen weit zurück. Bereits in vorchristlicher Zeit schmückten die Menschen Bäume, um die Wintersonnenwende zu feiern. Der immergrüne Baum war ein Symbol für das Leben und die Hoffnung, dass die kalten Wintertage bald vorübergehen würden.

Im 16. Jahrhundert entwickelte sich der geschmückte Tannenbaum zu einem festen Bestandteil des Weihnachtsfestes in Deutschland. Eine berühmte Legende besagt, dass Martin Luther selbst den ersten Weihnachtsbaum mit Kerzen geschmückt haben soll, um den Nachthimmel und die Sterne zu symbolisieren, die bei der Geburt Christi leuchteten.

Die Geschichte von Knecht Ruprecht

Neben dem Nikolaus oder dem Weihnachtsmann gibt es in vielen deutschen Regionen auch die Figur des Knecht Ruprecht. Knecht Ruprecht ist der Begleiter des Nikolaus und wird oft als düstere Gestalt dargestellt, die eine Rute bei sich trägt. Während der Nikolaus die braven Kinder beschenkt, ist Knecht Ruprecht dafür zuständig, die unartigen Kinder zu tadeln.

Diese Figur hat ihren Ursprung im deutschen Volksglauben und symbolisiert die Dualität von Gut und Böse in der Weihnachtszeit. In einigen Regionen, besonders in Norddeutschland, ist Knecht Ruprecht fest in die Weihnachtsbräuche integriert und wird oft in Umzügen oder Weihnachtsfeiern dargestellt.

Die Weihnachtsmärkte: Eine uralte Tradition

Ein weiterer fester Bestandteil der deutschen Weihnachtstradition sind die Weihnachtsmärkte, die sich in der Adventszeit in fast jeder Stadt finden lassen. Die Tradition der Weihnachtsmärkte reicht bis ins Mittelalter zurück, als sie noch als "Jahresmärkte" bekannt waren. Sie dienten dazu, den Menschen in der dunklen Winterzeit die Möglichkeit zu geben, Geschenke und Leckereien für das bevorstehende Fest zu kaufen.

Einer der ältesten Weihnachtsmärkte Deutschlands ist der Dresdner Striezelmarkt, der bis ins Jahr 1434 zurückreicht. Diese Märkte sind nicht nur für ihre festliche Atmosphäre bekannt, sondern auch für ihre kulinarischen Spezialitäten wie Glühwein, Lebkuchen und Bratäpfel. Sie tragen entscheidend zur Weihnachtsstimmung in Deutschland bei und sind ein unverzichtbarer Teil der festlichen Traditionen.

Diese Legenden, Geschichten und Traditionen machen das deutsche Weihnachtsfest zu einem besonderen Erlebnis. Sie tragen dazu bei, dass der Advent eine Zeit des Staunens und der Magie ist, in der die Geschichten der Vergangenheit lebendig werden und die Herzen der Menschen erwärmen.

5.2 Der Symbolismus der Weihnachtstraditionen

Weihnachten in Deutschland ist reich an Symbolen, die tief in der Kultur und den religiösen Traditionen verwurzelt sind. Jedes dieser Symbole erzählt eine eigene Geschichte und hat eine besondere Bedeutung, die weit über das rein Ästhetische hinausgeht. Im Laufe der Jahrhunderte haben sich diese Traditionen zu festen Bestandteilen des Weihnachtsfestes entwickelt, die für viele Menschen ein unverzichtbarer Teil der Feierlichkeiten sind.

Der Adventskranz: Ein Symbol der Hoffnung und des Lichts

Der Adventskranz ist eines der wichtigsten Symbole der Vorweihnachtszeit in Deutschland. Er besteht traditionell aus Tannenzweigen, die zu einem Kreis geflochten werden, und wird mit vier Kerzen geschmückt. Jede der Kerzen wird an einem der vier Sonntage vor Weihnachten entzündet. Der runde Kranz symbolisiert die Ewigkeit und das unendliche Leben, während die Kerzen für das Licht stehen, das in die Welt gebracht wird, wenn Christus geboren wird.

Ursprünglich wurde der Adventskranz im 19. Jahrhundert von dem evangelischen Theologen Johann Hinrich Wichern eingeführt, um Kindern die Wartezeit bis Weihnachten zu verkürzen. In der heutigen Zeit ist der Adventskranz in nahezu jedem deutschen Haushalt zu finden, sowohl in seiner traditionellen Form als auch in modernen Interpretationen. Das Ritual des Kerzenanzündens fördert das Innehalten und die Besinnung auf das kommende Fest.

Der Weihnachtsbaum: Ein Symbol des Lebens

Der Weihnachtsbaum, oder "Tannenbaum", ist wohl das bekannteste Symbol des deutschen Weihnachtsfestes. Sein immergrünes Laub, das auch in den kalten Wintermonaten nicht abfällt, steht für das ewige Leben und die Hoffnung. Der Brauch, einen Weihnachtsbaum in die Wohnung zu stellen und zu schmücken, reicht bis ins 16. Jahrhundert zurück, als erstmals in Deutschland ein Baum mit Äpfeln, Nüssen und Süßigkeiten geschmückt wurde.

Im Laufe der Zeit entwickelte sich der Brauch weiter, und heute sind Christbaumkugeln, Kerzen und Lichterketten die Standarddekoration. Eine Legende besagt, dass der Reformator Martin Luther als Erster einen Baum mit Kerzen schmückte, um den Sternenhimmel und die Geburt Christi zu symbolisieren. In vielen deutschen Familien wird der Baum am Heiligen Abend aufgestellt, und das Schmücken des Weihnachtsbaums ist oft ein gemeinschaftliches Ereignis, bei dem die Familie zusammenkommt.

Die Krippe: Das Herzstück der christlichen Weihnachtsfeier

Die Krippe, die die Geburt Christi darstellt, ist ein weiteres zentrales Symbol des Weihnachtsfestes in Deutschland. Traditionell zeigt die Krippe die Heilige Familie – Maria, Josef und das Jesuskind in der Krippe liegend – umgeben von Tieren, Hirten und den Heiligen Drei Königen. Oft wird die Szene in einer Scheune oder einem Stall dargestellt, um die bescheidenen Umstände der Geburt Jesu zu verdeutlichen.

Krippen gibt es in vielen Formen und Größen, von kleinen, handgefertigten Sets bis hin zu aufwändig gestalteten Szenen in Kirchen und auf öffentlichen Plätzen. In Bayern und im südlichen Deutschland hat die Krippenkultur eine besonders lange Tradition, und viele Familien besitzen handgeschnitzte Figuren, die von Generation zu Generation weitergegeben werden. Die Krippe symbolisiert die Demut und die spirituelle Bedeutung des Weihnachtsfestes und erinnert daran, dass die Geburt Christi das zentrale Ereignis ist, das gefeiert wird.

Die Weihnachtssterne und -engel: Himmlische Botschafter

Neben dem Baum und der Krippe sind Weihnachtssterne und Engel allgegenwärtige Symbole der festlichen Zeit. Der Stern, der oft an die Spitze des Weihnachtsbaums gesetzt wird, erinnert an den Stern von Bethlehem, der den Weg zur Krippe des neugeborenen Königs wies. Er ist ein Symbol der Führung und Hoffnung.

Engel hingegen, die als Himmelsboten gelten, sind ein fester Bestandteil der Weihnachtsdekoration. Sie symbolisieren die Verkündigung der Geburt Christi und erscheinen in vielen deutschen Häusern als Teil der Krippen oder als dekorative Figuren. Die Engel verkörpern Reinheit, Frieden und die göttliche Verbindung zwischen Himmel und Erde.

Fazit: Der tiefere Sinn hinter den Weihnachtssymbolen

Diese Weihnachtssymbole – der Adventskranz, der Weihnachtsbaum, die Krippe, Sterne und Engel – sind mehr als nur Dekorationen. Sie tragen eine tiefe symbolische Bedeutung, die die religiösen und kulturellen Wurzeln des Weihnachtsfestes widerspiegelt. In jeder Tradition steckt eine Botschaft von Hoffnung, Frieden und dem Glauben an das ewige Leben, die das Weihnachtsfest zu einem Moment der Besinnung und des gemeinsamen Feierns macht.

Die sorgfältige Pflege dieser Traditionen in deutschen Haushalten trägt dazu bei, den Zauber und die Bedeutung von Weihnachten für die kommenden Generationen lebendig zu halten.

5.3 Wie man Traditionen bewahrt und weitergibt

In einer Welt, die sich ständig verändert und in der die modernen Lebensstile oft von Hektik und technologischem Fortschritt geprägt sind, wird es immer wichtiger, alte Traditionen zu bewahren und an kommende Generationen weiterzugeben. Die Weihnachtszeit ist eine der wenigen Gelegenheiten im Jahr, bei der Traditionen eine zentrale Rolle spielen, und es liegt in der Verantwortung der heutigen Familien, diese wertvollen Bräuche lebendig zu halten. Doch wie gelingt es, diese Traditionen in einem modernen, oft hektischen Familienalltag zu bewahren?

Die Bedeutung von Ritualen und Wiederholungen

Traditionen leben von Ritualen und Wiederholungen. Kinder lernen durch Beobachtung und Teilnahme, was bestimmte Bräuche bedeuten und wie sie ausgeführt werden. Es ist daher entscheidend, wiederkehrende Rituale bewusst in den Familienalltag zu integrieren, um eine starke emotionale Bindung zu schaffen. Ob es das gemeinsame Schmücken des Weihnachtsbaums, das Backen von Plätzchen oder das Anzünden der Kerzen auf dem Adventskranz ist – all diese Handlungen tragen dazu bei, ein Gefühl der Zusammengehörigkeit und des Wohlbefindens zu fördern.

Die moderne Familie und die Herausforderung der Zeit

Eine der größten Herausforderungen für Familien heute ist der Mangel an Zeit. Berufliche Verpflichtungen, Schulaktivitäten und andere tägliche Anforderungen lassen oft wenig Raum für traditionelle Rituale. Doch gerade in solchen Momenten können kleine, aber bedeutungsvolle Traditionen einen großen Unterschied machen. Es muss nicht immer das stundenlange Backen von Lebkuchen sein – auch ein kurzes gemeinsames Ritual, wie das Öffnen eines Türchens im Adventskalender, kann Kindern das Gefühl geben, dass sie Teil einer größeren Tradition sind.

Traditionen anpassen, ohne ihren Kern zu verlieren

Moderne Familien können und sollten Traditionen anpassen, um sie für die heutige Zeit relevant zu machen, ohne dabei den Kern ihrer Bedeutung zu verlieren. So kann der klassische Adventskranz durch eine moderne Interpretation ersetzt werden, die immer noch die gleiche symbolische Funktion erfüllt, aber besser zum Lebensstil der Familie passt. Es geht darum, den Geist der Tradition zu bewahren, auch wenn die Ausführung variiert.

Ebenso können moderne Elemente integriert werden, um Traditionen interessanter zu gestalten. So können beispielsweise digitale Adventskalender, in denen Familien jeden Tag eine kleine Weihnachtsgeschichte vorlesen, mit klassischen Aktivitäten wie dem Basteln von Baumschmuck kombiniert werden. Wichtig ist, dass diese Anpassungen im Einklang mit den Werten stehen, die die Tradition vermittelt.

Die Rolle der Großeltern und älteren Generationen

In vielen Familien sind es die Großeltern, die die traditionellen Bräuche lebendig halten. Sie haben die Geschichten, Rezepte und Rituale von ihren eigenen Eltern gelernt und geben sie an ihre Kinder und Enkel weiter. Diese Rolle ist von unschätzbarem Wert, denn sie verbindet die Generationen und schafft ein Bewusstsein für die Vergangenheit.

Ein praktischer Ansatz, um Traditionen zu bewahren, besteht darin, Großeltern aktiv in die Vorbereitung und Feier von Festen einzubeziehen. Gemeinsames Backen nach alten Familienrezepten oder das Erzählen von Weihnachtsgeschichten kann Kindern eine tiefe Verbindung zur eigenen Kultur und Geschichte vermitteln.

Traditionen und die digitale Welt

Die digitale Welt bietet sowohl Herausforderungen als auch Chancen, wenn es darum geht, Traditionen zu bewahren. Auf der einen Seite kann die ständige Ablenkung durch Technologie dazu führen, dass die Menschen weniger Zeit für familiäre Rituale haben. Auf der anderen Seite bieten soziale Medien und digitale Plattformen neue Möglichkeiten, Traditionen zu teilen und sogar neue zu schaffen.

Viele Familien nutzen beispielsweise digitale Tools, um Rezepte, Bastelanleitungen oder Fotos von festlichen Momenten zu speichern und weiterzugeben. Dies ermöglicht es auch, entfernte Familienmitglieder in die Feierlichkeiten einzubeziehen, etwa durch virtuelle Treffen oder gemeinsame Online-Aktivitäten. Solche modernen Ansätze können helfen, traditionelle Werte in die heutige Zeit zu integrieren und die Verbindung zwischen den Generationen zu stärken.

Die Bedeutung der Weitergabe von Wissen und Geschichten

Ein zentraler Aspekt der Traditionen ist die mündliche Überlieferung von Geschichten und Wissen. Familienlegenden, Weihnachtsgeschichten oder die Herkunft bestimmter Bräuche sind wertvolle Bestandteile der familiären Identität. Es ist wichtig, diese Geschichten regelmäßig zu erzählen, damit sie nicht verloren gehen. Auch hier spielen Großeltern oft eine zentrale Rolle, indem sie ihre Erfahrungen weitergeben.

Kreative Wege, Traditionen lebendig zu halten

Um Traditionen in modernen Familien zu bewahren, braucht es manchmal kreative Ansätze. Hier sind einige Vorschläge, wie dies gelingen kann:

- **Familiäre Kochbücher**: Das Zusammenstellen eines eigenen Familienkochbuchs mit traditionellen Weihnachtsrezepten kann eine wunderbare Möglichkeit sein, kulinarische Traditionen zu bewahren und weiterzugeben.

- **Selbstgemachte Weihnachtsdeko**: Anstatt gekaufte Dekorationen zu verwenden, können Familien gemeinsam Baumschmuck basteln, der von Jahr zu Jahr wiederverwendet wird und eine besondere Bedeutung erhält.

- **Weihnachtliche Familientreffen**: Regelmäßige Treffen in der Vorweihnachtszeit, bei denen traditionelle Lieder gesungen, Geschichten erzählt oder gemeinsame Bastelprojekte gemacht werden, stärken den Zusammenhalt.

Fazit: Traditionen als Anker im Wandel der Zeit

Traditionen sind ein wesentlicher Bestandteil unserer kulturellen Identität und schaffen eine Verbindung zwischen Vergangenheit, Gegenwart und Zukunft. Für moderne Familien liegt die Herausforderung darin, diese Traditionen in einen oft hektischen Alltag zu integrieren, ohne ihren Kern zu verlieren. Es geht nicht nur darum, Rituale beizubehalten, sondern sie bewusst zu leben und an die nächste Generation weiterzugeben. Indem wir diese Bräuche pflegen und anpassen, können wir sicherstellen, dass sie auch in Zukunft eine zentrale Rolle im Leben unserer Familien spielen.

KAPITEL 6: WEIHNACHTEN MIT HERZ UND TRADITION FEIERN

6.1 Abschließende Überlegungen zum kulinarischen Adventskalender

Weihnachten ist eine Zeit, in der Familien zusammenkommen, um gemeinsame Momente der Freude, des Feierns und der Reflexion zu erleben. Der kulinarische Adventskalender, den wir in diesem Buch vorgestellt haben, ist mehr als nur eine Sammlung von Rezepten. Er repräsentiert eine Möglichkeit, den Geist von Weihnachten durch die Schaffung bedeutungsvoller Traditionen und Rituale lebendig zu halten.

In der Hektik des modernen Lebens ist es leicht, die Verbindung zu den Werten zu verlieren, die Weihnachten so besonders machen – Familie, Gemeinschaft und das Teilen von Erlebnissen. Der Adventskalender bietet eine Gelegenheit, diese Werte wieder aufleben zu lassen. Jeden Tag eine kleine Überraschung, ein neues Rezept oder ein besonderes Ritual – all das trägt dazu bei, die Vorfreude auf das große Fest zu steigern und den Geist der Saison in unser Zuhause zu bringen.

Die Bedeutung der kulinarischen Traditionen

Kochen und Backen spielen eine zentrale Rolle in vielen Weihnachtsfeiern auf der ganzen Welt. Besonders in Deutschland sind die traditionellen Rezepte, die von Generation zu Generation weitergegeben werden, tief in der Kultur verankert. Sie erzählen Geschichten von Familie, Heimat und Vergangenheit. Ein Lebkuchenrezept, das in diesem Buch vorgestellt wird, kann Erinnerungen an die eigene Kindheit wecken oder den Beginn einer neuen Tradition darstellen.

Der kulinarische Adventskalender verbindet diese Traditionen mit der modernen Küche und bietet gleichzeitig Raum für neue Kreationen. Ob klassische Plätzchen wie Zimtsterne oder innovative Variationen wie vegane Leckereien – jede Küche kann Teil dieser festlichen Reise werden. Wichtig ist, dass das gemeinsame Zubereiten und Genießen der Speisen im Mittelpunkt steht.

Die Rolle der Gemeinschaft

Weihnachten ist ein Fest der Liebe und der Zusammengehörigkeit, und der kulinarische Adventskalender fördert genau dieses Gefühl. Indem wir jeden Tag im Advent bewusst zelebrieren, schaffen wir nicht nur unvergessliche Momente für unsere Liebsten, sondern auch eine Atmosphäre der Gemeinschaft und Wärme.

Für viele Familien ist das gemeinsame Backen ein zentrales Ritual, das Generationen verbindet. Großeltern, Eltern und Kinder arbeiten zusammen in der Küche, tauschen Rezepte aus und genießen die Ergebnisse ihrer Mühen. Dies ist ein wertvolles Erbe, das es zu bewahren gilt. Durch den Adventskalender wird dieses Ritual in den Alltag integriert und bietet täglich einen neuen Grund, zusammenzukommen und die Magie der Vorweihnachtszeit zu erleben.

Kreativität und Anpassung der Traditionen

Obwohl der kulinarische Adventskalender auf traditionellen Werten und Rezepten basiert, bietet er viel Raum für Kreativität und persönliche Anpassungen. Familien können ihn nach ihren Vorlieben gestalten, neue Rezepte ausprobieren oder sogar nicht-traditionelle Zutaten einbringen, um ihre eigenen kulinarischen Klassiker zu schaffen. Dies ist besonders wichtig in einer Welt, in der individuelle Ernährungsbedürfnisse – wie glutenfreie oder vegane Optionen – an Bedeutung gewinnen.

Durch diese Anpassungen bleiben die Traditionen relevant und lebendig, während sie sich gleichzeitig weiterentwickeln. Es geht nicht darum, die Vergangenheit zu bewahren, sondern sie in die Gegenwart zu integrieren und so ein reiches Erbe für die Zukunft zu schaffen.

Die Magie der kleinen Gesten

Der Adventskalender erinnert uns auch daran, dass es oft die kleinen Gesten sind, die den größten Eindruck hinterlassen. Ein liebevoll zubereiteter Keks, ein warmes Glas Glühwein oder ein gemeinsamer Moment am Adventskranz – all diese kleinen, aber bedeutungsvollen Handlungen tragen dazu bei, die festliche Stimmung zu verstärken. Sie sind das Herzstück der Weihnachtszeit und helfen uns, den wahren Sinn des Festes nicht aus den Augen zu verlieren.

Traditionen für die Zukunft bewahren

Der kulinarische Adventskalender ist eine Einladung, die eigenen Traditionen zu pflegen und weiterzugeben. Die Rezepte, Geschichten und Bräuche, die wir während der Weihnachtszeit zelebrieren, sind ein wertvolles Erbe, das von Generation zu Generation weitergegeben werden sollte. Sie bieten nicht nur Trost und Freude in der Vorweihnachtszeit, sondern schaffen auch eine tiefe Verbundenheit zu unseren Wurzeln und unserer Kultur.

Für die jüngeren Generationen ist es eine wertvolle Erfahrung, diese Bräuche zu erleben und zu erlernen. Die Traditionen, die heute in den Familien gepflegt werden, sind die Bräuche, die auch in Zukunft weitergeführt werden können. Sie schaffen Erinnerungen, die über die Weihnachtszeit hinaus Bestand haben und uns daran erinnern, was im Leben wirklich wichtig ist.

Fazit: Die fortwährende Magie des Advents

Mit jedem Tag des Adventskalenders werden nicht nur Rezepte und süße Leckereien enthüllt, sondern auch Momente der Besinnung und Freude. Die Zeit vor Weihnachten, die oft von Hektik und Stress geprägt ist, erhält durch diese tägliche Feier einen ruhigen und festlichen

Rhythmus. Sie bietet die Gelegenheit, innezuhalten, sich auf das Wesentliche zu konzentrieren und die Vorfreude auf das Weihnachtsfest zu genießen.

Der kulinarische Adventskalender ist nicht nur ein Buch voller Rezepte – er ist eine Reise durch die Traditionen und das Herz der Weihnachtszeit. Indem wir diese Traditionen ehren und sie mit unseren Liebsten teilen, machen wir die Adventszeit zu einer Zeit der Besinnung, des Miteinanders und der Vorfreude auf das große Fest.

Vielen Dank, dass Sie mich auf dieser kulinarischen Reise durch den Advent begleitet haben! Ich hoffe, die Rezepte und Geschichten haben Ihnen genauso viel Freude bereitet wie mir beim Schreiben. Wenn Ihnen dieses Buch gefallen hat, würde ich mich sehr über eine Rezension auf Amazon freuen. Ihre Meinung ist wichtig und hilft anderen Lesern, die Magie des Weihnachtsfestes zu entdecken!